中青年经济与管理学者文库

本书感谢国家自然科学基金项目“审计师工作压力与审计质量：基于个体感知视角的研究（71662021）”“合伙人代际传承与审计质量：基于晋退双侧治理的研究（72062020）”、江西省高校人文社会科学研究青年项目“团队协同视阈下审计任期动态管理行为及结果研究（JJ19217）”的资助。

审计师工作压力与审计质量：基于个体感知视角的研究

闫焕民 著

中国财经出版传媒集团
中国财政经济出版社

图书在版编目（CIP）数据

审计师工作压力与审计质量：基于个体感知视角的研究／闫焕民著．--北京：中国财政经济出版社，2020.12

（中青年经济与管理学者文库）

ISBN 978-7-5095-9910-5

Ⅰ.①审…　Ⅱ.①闫…　Ⅲ.①审计人员－工作负荷（心理学）－影响－审计质量－研究　Ⅳ.①F239.2

中国版本图书馆 CIP 数据核字（2020）第 130333 号

责任编辑：樊清玉　　　　责任印制：党　辉

封面设计：智点创意　　　　责任校对：徐艳丽

审计师工作压力与审计质量：基于个体感知视角的研究

SHENJISHI GONGZUO YALI YU SHENJI ZHILIANG：JIYU GETI GANZHI SHIJIAO DE YANJIU

中国财政经济出版社 出版

URL：http：//www.cfeph.cn

E－mail：cfeph@cfeph.cn

社址：北京市海淀区阜成路甲 28 号　邮政编码：100142

营销中心电话：010－88191522

天猫网店：中国财政经济出版社旗舰店

网址：https：//zgczjjcbs.tmall.com

北京富生印刷厂印刷　各地新华书店经销

成品尺寸：148mm×210mm　32 开　7 印张　176 000 字

2020 年 12 月第 1 版　2020 年 12 月北京第 1 次印刷

定价：33.00 元

ISBN 978－7－5095－9910－5

（图书出现印装问题，本社负责调换，电话：010－88190548）

本社质量投诉电话：010－88190744

打击盗版举报热线：010－88191661　QQ：2242791300

策划人语

题记：一个人的精神成长史，取决于他的阅读史。只有阅读能最有效地培养精神生活习惯，而好的习惯又培养性格，性格决定人生。

——我们自豪，因为我们就是创造这精神产品的人。

选择了飞翔，总能看到蓝天；选择了远航，总能感受大海。人生不仅要作出选择，也要坚持住自己的选择。学会计、当编辑是我的意外选择。人说编辑是为人作嫁，可是这一选择我坚持了27年，苦在其中，乐在其中，也算是有声有色。每当我把一本本好书呈献给人们的时候，我觉得我是“富贵”的人：富，不是你身上的钱财，而是你心里的满足；贵，不是你地位的显赫，而是你被人需要的程度。

书海探寻，情怀永恒

我要说，做编辑我幸运，因为我不仅是第一个读者，可以对作品“品头论足”，也可以对作品“生杀予夺”；更重要的是，这是一个很高层次的平台，在多年与名家的交往和名著的“对话”中，深深地为他们的人格和才学所感动，被作品的精彩所吸引，这不仅使我“下笔如有神”，更使我的思想和灵魂也受到一次次洗礼和震撼，得到一次次升华。对于我的作者我的书，如数家珍，作者中不乏才学和为人同样过人的多位泰斗和“颜值高责任大”的众多才子佳人；策划的作品不仅立足专业还兼顾人文，也是情怀所在，专业加人文路才会更宽。

多年的体会是，作为一名编辑，起码要“三心二意”，即“责任心、细心、耐心”和“服务意识、创新意识”。要多策划一些有分量的拳头产品，用一个选题推动一个系统工程，用一个系统工程培养一个出版社品牌。给新入职编辑讲座时我做过一个比喻：编辑两项基本功，审稿——甚至要比博导审批学生论文还要全面、细致；选题策划——要像电影导演一样做“星探”，善于发现优秀作者和挖掘好的原创作品。记不得27年来我策划和编辑了多少书，组织和策划了一大批教材、业务培训用书、通俗读物、理论专著等，有的获得过国家、省部级各类奖项，有的以其填补空白、社会热点、风格新颖、开拓尝试等特点受到读者的欢迎。20世纪90年代我开始自主策划选题，多年来每年都有新丛书问世。比如，21世纪初内部控制研究在国内刚兴起时，策划了“现代内部控制丛书”，其中的《企业内部控制管理操作手册》是我鼓励作者将自己饱含心血的经过长期钻研和实践并被证明有效的成果奉献付梓，使更多的人能受益于此，这无疑是对我国内部控制理论探索和实践发展的一种贡献，而内部控制选题至今还是热点。2013年的《来去无尘——一位财政部长的生前事》所展现的吴波精神，与深入推进党风廉政建设相得益彰，得到中央领导同志的高度重视和重要批示。中央各大主流媒体纷纷连续报道，掀起了全社会学习吴波高尚情操的热潮。2014年至今的前沿选题“财务云丛书”等也越来越受到业界认可。

想是问题，做是答案

众所周知，目前的图书出版业在行业竞争和纸质图书受到严重冲击的情况下，出版人无不感到莫大的危机。在这种背景下，策划一套专业图书是颇感困惑的一件事，风险更大。但即使这样我们也不能因噎废食、停滞不前，还要积极应对，继续发挥纸质图书的固有特质，挖掘出版内容和形式都精彩的原创作品，适应新形势下读者的更高需求。2017年，我们接受新的挑战，开启新的征程，又策划了“中青年经济与管理学者文库”“当代税收名家丛书”“中国税务律师系列丛书”“现代管理实务丛书”“高等院校应用型会计人才精细化培养系列教材”等，继续为扶持学术研究和总结最新成果，在高端研究与专业知识普及和应用之间搭建一座座有益的桥梁。

每一个时代的经济环境不同，理论研究和实务探索所需要解决的问题也有所差别。当前我国不仅处于经济结构调整和供给侧改革的攻坚期，同时也处于大数据和互联网突飞猛进的变革期，矛盾叠加，风险交汇，市场环境和组织模式不断演变发展、推陈出新，经济、管理、财税等领域的新理论、新思想、新方法、新工具也层出不穷。乱花渐欲迷人眼，击水三千浪几何？这些领域的研究人员被时代赋予了更艰巨的责任，也面临着更高、更多元的要求，我们不仅要具备更广阔的学术视野，而且要有更严谨的学术思维。

输在犹豫，赢在行动

“中青年经济与管理学者文库”的作者，都是我国经济与管理领域的中坚力量，也是未来的大家。他们中有些人潜心从事理论研究，有些人则深耕在实务一线，但无论现实身份如何，视野全都没有被拘泥在“象牙塔”内。他们从不同视角对市场经济的不同要素进行细致审视，然后汇聚于“财经版”这面旗帜之下，相互碰撞，彼此激荡，力求在市场经济转型升级的关键时期留下最新鲜的“中国印记”。

这些经济与管理领域的中青年学者，就是我国市场经济发展的潜力与优势，他们的研究成果，不仅将引领市场经济的各个组成环节向更科学、更先进的方向发展，而且将成为我国政府和企业在未来经济世界扮演更重要角色的支点与动力。祝愿这些中青年学者能攀上更高的学术之山，走向更远的研究之路，也期待宏观、中观、微观各个层面的市场参与者都能从这套文库中得到切实的启发与指引，在全面深化改革、增强发展活力的关键时期，发挥正能量和积极作用，为经济社会发展增添新的动力！

如果您认可，如果您有意愿，欢迎您和您的朋友加盟我们的作者队伍！在中国财经出版传媒集团的“旗舰”下，中国财政经济出版社这“老字号”，一定励精图治，谱写新的篇章。我们用“龙的精神，玉的品质”来助力您实现梦想！

策划人：樊清玉

邮箱：qingyuf@ sina. com

2017 年春

目录

第1章 绪 论

1.1 研究背景及意义

1.1.1 研究背景

人类社会迈入21世纪，工作压力被视为这一知识经济时代的职业“流感”（陆昌勤，2006；方阳春，2013）。在市场竞争机制下，律师、医生、公司高管等诸多职业都面临着不同程度的工作压力，素有“经济警察”美誉的审计师，其工作亦复如是。在美国，公众公司会计监督委员会（PCAOB）曾表示担忧“审计师的工作负荷或时间压力可能损害审计工作质量”。在我国，审计师的工作压力广泛存在，他们面临着工作时限、人力资源与责任风险等多重压力，尤其是在公司年报审计“忙季”（即1月至4月），工作压力更加凸显，经常日均工作十几个小时甚至超负荷运转（王直群，2013）。在2011年全国注册会计师行业庆祝建党90周年报告会上，时任财政部副部长王军同志曾指出："注册会计师任务繁重，处在较大压力状态下，责任重大……"总之，在我国特定的审计市场竞争环境及制度背景下，审计师工作压力问题，可谓是审计实务界"老生常谈"的一个话题，是监管界"十分关切"的一个话题，却也是学术界"鲜有涉猎"的一个话题。

那么，一个自然的逻辑问题：广泛存在的审计师个人工作压力是否以及如何影响审计行为决策及审计质量？工作压力反应支持"冲突论"还是"激励论"，抑或两者兼有？哪些因素会影响审计师个体感知及其如何调节工作压力反应？如何有效地控制工作压力并保证审计质量？针对这一系列重要且现实问题的解读，对于提高审计服务质量、完善审计行为监管，乃至促进审计行业的健康可持续发展，无疑都是至关重要的。

1.1.2 研究意义

（1）本书的理论意义。

第一，提供审计师个人工作压力如何影响审计质量的系统研究及证据。尽管审计实务中工作压力话题屡见不鲜，但学界对此尚未形成系统性的研究，尤其缺乏大数据经验研究。因此，本书立足于我国特定的审计市场竞争环境及法制背景，融合审计学、心理学及行为科学相关理论，构建中国情境下审计师工作压力影响审计行为及审计质量的理论框架，分析这一影响链条的内在作用机理与外部调节机制，并且利用我国上市公司及其审计师个人数据进行实证研究，可为国内外学界提供中国情境下的逻辑思路与经验证据，既可"经验"自身，亦可"经验"他人。

第二，在心理学的个体感知视角，丰富和拓展审计师个体层次问题的研究成果。为切实体现审计工作“以人为本”的鲜明特点，本书基于个体感知相关理论，首次充分地考虑了影响审计师对工作压力的个体感知的内外因素，涵盖审计师个体异质、会计师事务所与外部环境等跨层次因素及其“交叉”作用，尽可能完整地呈现审计师工作压力对个体行为及审计质量的实质影响，从而在个体感知这一新视角拓展审计师工作压力问题研究，丰富审计师个体层次的研究成果。

（2）本书的现实意义。

第一，为会计师事务所的业务质量控制以及监管部门的行业监管政策提供科学依据。由于审计师个人工作压力及其影响的广泛存在，实务界与学术界产生了“事务所如何配置审计师资源”“监管部门是否需要设置审计师的客户数量上限”“‘一刀切’式限定政策是否合理”等争论。本书研究预期能够为解决这些争议问题提供直接的经验证据，为事务所完善业务质量控制机制、为监管部门加强审计师执业行为监管等提供有益参考。

第二，体现“以人为本”思想。长期以来，党和国家领导人非常重视审计工作及其行业建设，十分关心基层审计人员的工作环境及状态，并且出台了一系列政策与措施，鼓励并支持审计行业持续“做大做强”。然而，审计行业“做大做强”的关键动因在于执业“个体”——审计师；也即，抓住“人”的行为，才能抓住问题的关键。所以，本书着眼于审计实务工作中广泛存在的工作压力问题，充分考虑跨层次内外因素影响审计师的个体感知，全面探讨工作压力反应及其影响结果，这充分体现了“以人为本”精神和“人文主义关怀”思想。

总之，本书可资解读审计师工作压力影响审计质量的作用机理及其结果，有助于会计师事务所合理配置审计师资源，控制审计师工作压力，有效地“化‘压力’为‘动力’”，提升审计工作效率，保障审计服务质量；同时，也有助于审计行业监管部门制定科学合理的监管政策，保证审计职业服务的高效运行与健康发展，更好地服务于我国经济社会繁荣发展。

1.2 研究内容与目标

1.2.1 研究内容

本书的研究内容由相互关联、逻辑一致的两大部分构成。其中，第一部分是理论研究，基于我国特定的审计市场环境及法律制度背景，融合审计学、心理学及行为科学相关理论，基于个体感知视角，构建审计师工作压力影响审计质量的理论分析框架，并且指导第二部分的实证研究。相应地，第二部分是基于审计工作结果的实证研究，它们均为第一部分的理论研究提供经验证据。诚然，财务报表是由公司管理层提供，但亦受审计师的影响，因为财务报表必须经过审计师的审计工作以及签字盖章方可对外披露。在审计工作过程中，若审计师发现公司管理层提供的财务报表在某些方面的会计处理不当抑或存在重大错报或漏报，都可要求公司管理层予以调整，双方就此协调与谈判的结果最终以不同类型审计意见的形式呈现。换言之，财务报表是由管理层提供且经过审计师“干预”的，其盈余质量亦可视为审计工作结果的反映，故而诸多学者采用盈余质量作为审计质量的替代测度。最后，研究结论启示与政策建议。本书的研究内容框架如图1-1所示。

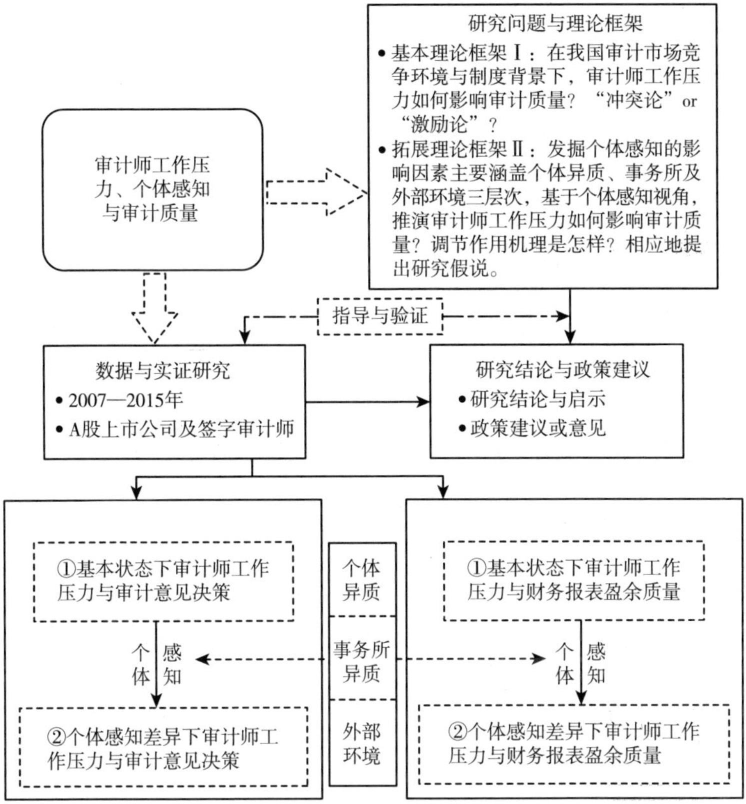

图1-1　研究内容框架

1.2.2　研究目标

本书着眼于审计实务中"屡见不鲜"、监管者"十分关切"，但学界研究"付之阙如"的审计师个人工作压力问题，基于个体感知视角，探究中国情境下审计师工作压力影响审计行为及审计质量的内在作用机理与外部调节机制，为学术界在审计行为及结果研究领域提供新的检验视角与经验证据，同时为会计师事务所、监管部门在完善审计职业服务及执业行为监管等方面提供政策建议。具体的研究目标主要有三：

第一，基于个体感知视角，推演审计师工作压力影响审计质量的作用机理。首先，基于我国特定的审计市场环境及法律制度背景，融合审计学、心理学及行为科学相关理论，构建审计师工作压力影响审计质量的基本理论分析框架；其次，依序放宽影响审计师个体感知的跨层次因素并考虑其“交叉”作用，构建个体感知视角下的拓展理论分析框架，揭示审计师工作压力影响审计质量的作用路径与调节机制。

第二，审计师工作压力对审计质量之影响结果的实证检验。基于审计师的工作任务量、工作时间等维度测度工作压力，通过严谨的实证设计，从审计师工作结果——审计意见决策与财务报表盈余质量两个视角，分别在基本状态和个体感知差异下，实证检验审计师工作压力对审计质量的实质影响。

第三，为完善审计监管政策提供科学依据。针对审计师如何应对工作压力、事务所如何配置审计资源以及监管部门如何完善审计行为监管，提出符合我国审计实践的政策意见与建议。

1.3 研究思路与技术路线

1.3.1 研究思路

首先，采用文献分析法，全面回顾和梳理国内外学界相关的重要文献成果，准确把握本章主题的最新动态及未来发展趋势；其次，借鉴 Karasek 提出的 JD-C 工作压力模型并充分考虑影响审计师个体感知的跨层次内外因素，构建个体感知视角下审计师工作压力影响审计行为及审计质量的理论框架，探究这一关系链条的内在作用机理与外部约束机制；再次，将上述理论框架嵌入我国审计市场环境，构建数学分析模型，利用我国上市公司及其签字审计师个人数据资料，从不同视角予以实证检验；最后，综合理论分析与实证研究的结论，为会计师事务所、监管部门完善相关策略或政策提供依据和参考。

1.3.2 技术路线

本书运用的研究方法主要包括文献研究法、演绎推理法及实证检验法等，研究技术路线如图 1－2 所示。

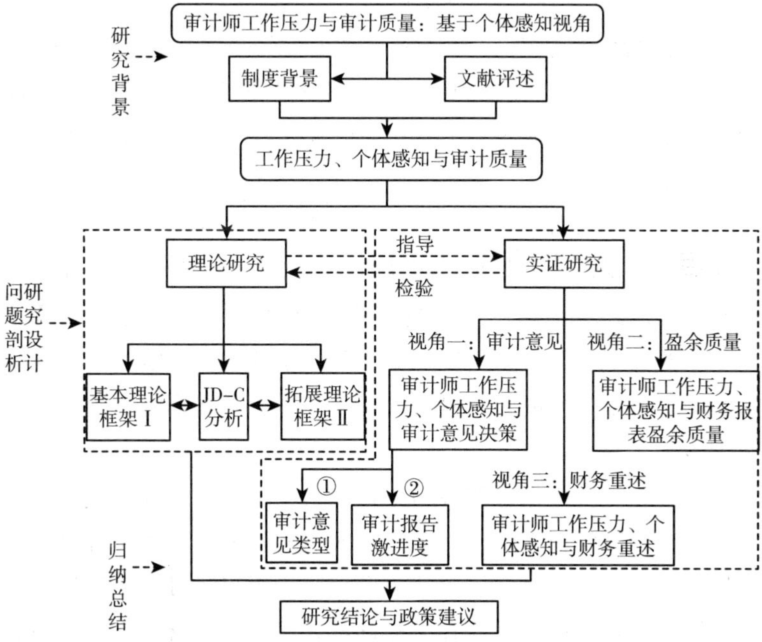

图 1－2 研究技术路线

1.4 研究创新与展望

1.4.1 研究创新

第一，本书为审计师个人工作压力影响审计质量的问题研究提供了经验证据。基于我国审计市场情境，融合审计学、心理学等相关理论，构建 JD-C 工作压力理论分析框架，揭示审计师工作压力影响审计行为及审计质量的内在作用机理与外部调节机制，补充这方面的理论研究不足；同时，利用我国上市公司年报审计“忙季”特点及审计师个人数据资料，基于多个维度展开实证研究，可为中外学界研究提供中国情境下的直接经验证据，既可“经验”自身，亦可“经验”他人。

第二，本书为审计师行为研究提供一个新视角。基于个体感知理论，发掘审计师的个体感知特性，涵盖审计师个体异质、事务所与外部环境等跨层次影响因素及其“交叉”作用，呈现个体感知差异下审计师工作压力对审计质量的实质影响，在个体感知这一心理学的新视角拓展审计师工作压力问题研究，丰富审计师个体层次的研究成果。

第三，为解决审计实践问题提供科学依据。审计师个人如何有效地控制工作压力反应，事务所如何完善人力资源支持与业务质量控制机制，证监会、中注协等部门是否应当限定审计师业务量，如何加强审计行为监管、促进审计行业健康发展等，本书研究可为此提供理论依据与政策参考。

1.4.2　研究展望

第一，审计师工作量压力对审计师行为决策的影响受制于审计师个体、事务所主体及外部监管环境等诸多层面因素的交叉影响，比如审计师家庭环境、事务所激励机制等，然而本章无法将其全部囊括并逐一讨论，这或许可以成为未来研究的新方向。

第二，尽管本书研究验证了审计师承担超额工作压力会对审计意见决策、经审计的盈余信息质量及财务报告重述等方面产生负面影响，但尚未探究具体如何设置审计师工作量限制政策，这需要权衡审计师个体异质性、事务所资源配置及客户风险特征等诸多因素，这些重要问题有待未来深入探究。

第2章 关于审计师工作压力与审计质量的文献评述

2.1 关于工作压力及其影响的研究

2.1.1 工作压力的基本理论模式

自20世纪以来，随着工业化推进与信息化发展，工作压力问题逐渐进入心理学、管理学等领域并成为一个重要研究分支。诸多学者针对工作压力的界定、影响机理及应对策略等问题展开广泛探讨，并形成了以“刺激说”“反应说”及“交互作用说”等为代表的一系列优秀研究成果。

（1）工作压力的界定。“压力”一词最初源于物理学及工程学的范畴，大约在20世纪上叶被引入社会学、管理学等领域，广泛出现在工作绩效问题研究中，被称为“工作压力”（Work Stress）。纵观中外学者针对工作压力的界定，主要观点有三：一是外部作用观，即工作压力主要产生于外部压力源，如“刺激说”及“反应说”（Selye，1976；徐长江，1999）；二是主观认知观，即压力主要产生于个人自身的主观认识与感知（Ivancevich & Matteson，1996；Kinnunen et al.，2008）；三是交互作用观，即工作压力源于外部环境与自身主观认识之间的交互作用（Park，2007；刘玉新，2011），近年来这一观点逐渐成为主流。

（2）工作压力的理论模式。在学界研究中，针对工作压力问题的争相探讨形成了一系列的经典理论模式，影响较为广泛且极具代表性的主要有四类：一是传统理论模式，综合考虑工作压力的内外因素。例如，在早期研究中，Hendrix et al.（1995）将组织外部因素、组织内部因素与个性特质界定为工作压力三要素，其中组织内部因素最为关键。二是个体－环境匹配理论模式，由 French et al.（1982）提出并且认为工作压力是由环境因素与个体特征共同决定的，压力的大小及其反应程度皆属两者交互作用的结果，李梅（2008）和刘玉新（2011）等支持此类观点。三是工作要求－控制理论模式，由 Karasek（1979）提出并且认为工作压力及其影响结果是由工作要求与工作控制共同决定的，Häusser et al.（2010）、姜文锐和马剑虹（2003）及林忠等（2014）等支持这一理论模式。四是交互理论模式，源于 Lazarus（1966）提出的交互理论，将工作压力视为个体与环境之间的一种动态交互关系，李福荔（2009）、李宗波和李锐（2013）等主要进行该理论模式下的研究。

2.1.2　工作压力的诱因及影响

（1）工作压力的诱因。压力诱因也即压力源，依据《心理学大辞典》的阐释：压力源，亦称应激源或紧张性刺激，是指导致压力的事件或环境。客观地讲，工作压力源本身的结构是复杂的、多方面的。因此，国内外学者对工作压力诱因的观点可谓众说不一，但主要涵盖三部分：一是工作本身因素，如工作要求、工作负荷、工作时间等（Kahn et al.，1964；张若勇，2009）；二是工作者自身因素，如自身能力、角色冲突、职业期望等（许小东和孟晓斌，2004；Fox，2001；Häusser et al.，2010）；三是外部因素，如组织机制、人际关系等（舒晓兵，2005）。

（2）工作压力的影响。工作压力究竟会产生何种影响及经济后果，是学界研究的焦点。在心理学、管理学、社会学及行为科学领域，国内外学者对此展开了大量研究并形成了一系列的优秀成果。将之归纳，主要涵盖三个方面：第一，身心健康，即工作压力会导致心理症状与生理症状。①心理症状，压力过大会导致个体情感耗尽、去人性化、倦怠感觉，例如，Simmons & Nelson（2001）、Siu（2007）、时勘等（2008）、张兴贵和郭扬（2011）及赵秀清（2012）等属于此类研究。②生理症状，主要表现为身体疲惫、行为偏激、消极怠慢等，例如，Visser et al.（2003）、Elit et al.（2004）及曾晓娟（2010）等支持此类观点。与之相反，少数学者研究支持“激励论”，认为工作压力会激发工作者挑战或进取的心理与行为，产生积极影响。第二，工作质量，主要观点有三：①“冲突论”，认为工作压力与工作质量之间是相互冲击的关系，即工作压力会损害工作质量（Singh，2004；Love et al.，2010；Ahmed & Ramzan，2013；白玉苓，2010；叶新凤，2014）。②“互动论”，认为工作压力是把“双刃剑”，工作压力与工作质量之间关系是非单调的（Abu Al Ru，2004；McClenahan et al.，2007）；或者，不同属性（挑战性与阻断性）的工作压力（Liu et al.，2013）、不同压力源及不同应对方式（赵秀清，2012；黎娟，2014），对工作质量的影响结果不同；或者，两者关系受到社会支持等外部因素的制约（Ota et al.，2009；Beehr et al.，2010）。③“激励论”，认为在自我效能感的激励影响下，工作压力会转化为一种动力，在工作者面临高挑战时，“沉浸体验”会重复发生并刺激其积极工作（Van et al.，2011；Llorens，2013；庞小岛，2014）。第三，组织绩效，这方面的文献研究相对较少，研究表明个人工作压力会对组织绩效产生“有利”或“不利”影响（许小东和孟晓斌，2004；曾晓娟，2010；Love et al.，2010；Van et al.，2011），抑或两者之间存在内生关系（Beehr et al.，2010；赵欣等，2013）。此外，有学者研究认为工作压力的影响后果取决于工作者的个体感知，而个体感知与个体特征差异、组织支持等因素有关（刘玉新和张建卫，2005；Kinnunen et al.，2008；葛青华和林盛，2011）。

2.2 关于审计师工作压力与审计效率的研究

目前，学界针对审计师工作压力对审计质量的影响的文献研究十分少见，但关于审计师工作压力（或时间压力）如何影响审计判断绩效或工作绩效（简称“审计绩效”）的研究尚有少许，大都属于问卷调查分析或实验研究。诚然，若审计师工作（或时间）压力会影响审计判断绩效，自然也会影响审计质量，但两者又不尽相同。客观地，审计师工作压力问题亦属于审计师个体层次的重要议题之一。因此，为了研究问题的明晰性与完善性，从两个方面进行文献梳理：一是审计师工作压力与审计质量（审计绩效），二是审计师个体层次特征与审计质量。

2.2.1 审计师工作压力与审计质量、审计绩效

（1）审计师工作（或时间）压力与审计绩效。目前，关于审计师工作（或时间）压力对审计绩效的影响，主要观点有二：一是审计师工作（或时间）压力与审计绩效之间呈负相关关系。例如，在早期的调查研究中，Rhode（1978）、Alderman & Deitrick（1982）发现超过半数的受访审计师承认时间预算压力是影响审计判断绩效的关键因素；抑或，审计师在时间预算紧张的情况下，采取“低报时间”的方式满足时间预算要求并导致审计判断绩效受损（Pierce & Sweeney，2004）。此外，审计师在业务“忙季”的超额工作负担容易导致职业倦怠感上升（Sweeney & Summers，2002），工作倦怠感增加会导致工作绩效降低（Jones et al.，2010）。在国内学者研究中，刘成立和张继勋（2008）通过实验研究发现，时间压力显著降低了审计师的审计判断效果；李婉丽和仪明金（2012）实验研究显示，时间压力与知识异质性对审计判断绩效的影响呈现为交互效应。二是审计师工作（或时间）压力与审计绩效之间的关系是非单调的。例如，Choo（1995）认为工作压力与审计判断绩效之间呈倒“U”形关系。类似地，黄海艳和柏培文（2014）通过对我国南京、苏州等地区的几家事务所及其审计人员进行问卷调查分析，结果显示工作压力与工作绩效呈倒“U”形关系，但囿于调查样本的局限性，这一研究结论的普适性有待商榷。

（2）审计师工作（或时间）压力与审计质量。目前，针对审计师工作（或时间）压力如何影响审计质量的文献研究甚少，现有结论主要是两者负相关。在调查分析或实验研究中，Coram et al.（2004）、Soobaroyen & Chengabroyan（2006）及 Agoglia et al.（2010）研究显示，审计师工作压力或时间预算压力会削弱

审计技术效率，降低审计质量；刘成立（2008）基于一家全国性会计师事务所的调查研究显示，审计师在业务工作中的时间压力阻碍了适当审计程序的实施并损害审计质量。审计时间预算或期限压力会强化审计师的压力感知（Margheim et al.，2011）。在经验研究中，López & Peters（2012）基于会计师事务所层面的研究发现，工作负载压力会损害审计质量。

此外，近年来关于审计质量的决定机制研究中，少数学者关注到审计师“忙碌程度”（busyness）因素（但不等同于工作压力）。如 Karjalainen（2011）、Gul et al.（2014）及 Sundgren & Svanström（2014）研究发现审计师“忙碌程度”会损害审计质量，但 Goodwin & Wu（2015）认为两者关系取决于审计师“忙碌程度”是否处于“均衡状态”（equilibrium）。进一步地，Lai et al.（2018）、施先旺等（2018）采用审计师当年签字客户数作为审计师忙碌程度的量化指标，研究发现审计师忙碌降低了审计质量，表现为较高的盈余操纵和出具非标审计意见概率下降，张龙平和潘临（2018）进一步纳入审计师当年签字客户资产数作为审计师忙碌的量化指标，同样得到审计师忙碌损害审计结果的研究证据。

2.2.2 审计师个体层次特征与审计质量

近20年来，在审计质量相关问题的研究领域呈现出了一种明显趋势：研究视角从会计师事务所的“整体”层次逐步推进到事务所的“分所”层次，如今正进一步向审计师“个体”层次延伸和拓展。从理论上讲，审计师个体层次特征应当是影响审计师对工作压力的个体感知的重要因素，但目前尚无这方面的文献研究。因此，我们从人口特征与执业特征两个方面，对审计师个体层次特征与审计质量的关系的文献研究进行梳理。

(1) 审计师人口特征与审计质量。目前，关于审计师人口特征与审计质量的文献研究，主要涵盖四个方面：教育经历、性别、年龄及其他人口特征。一是教育经历，Cheng et al.(2009)、叶琼燕和于忠泊（2011）研究表明，审计师学历与专业会显著影响审计质量；审计项目负责人比项目合伙人更加明显（闫焕民，2015）；丁利、李明辉和吕伟（2012）及郭春林（2014）研究未发现显著经验证据。二是性别特征，有学者研究认为女性审计师更为谨慎，审计质量更高（丁利、李明辉和吕伟，2012；郭春林，2014），但也有学者研究并不支持这一观点（如叶琼燕和于忠泊，2011）。三是年龄特征，有学者认为审计师个体的年龄越大则越谨慎，审计质量通常也越高（叶琼燕和于忠泊，2011；刘笑霞和李明辉，2012），但这种相关关系的显著性并不明确（闫焕民，2015）。四是其他人口特征，即审计师的角色、所内级别及政治面貌可能影响审计质量，如叶琼燕和于忠泊（2011）、Gul et. al（2013）等属于此类研究。总之，关于审计师人口特征与审计质量之关系的研究结论存在分歧，其原因可能是研究方法或制度背景等方面的差异性。

(2) 审计师执业特征与审计质量。简单地讲，审计师个体执业特征是指审计师在提供审计服务过程所表现的所有执业活动特征。据现有文献研究，审计师执业特征主要涵盖三个方面：执业能力、审计独立性及执业合规性。一是执业能力特征：①执业经验，学者研究表明审计师拥有丰富的执业经验能够提高审计判断效率（Earley，2002；张继勋和付宏琳，2008），保障审计质量（Chen et al.，2008；Alissa et al.，2014）；审计师个体角色差异（原红旗和韩维芳，2012）或者执业经验的属性不同（Wang et al.，2015），对审计质量的影响有所不同。②行业专长，多数研究表明审计师个体行业专长有助于控制客户审计风险

(Taylor, 2000), 制定高质量的审计策略 (Low, 2004), 提高审计质量 (Chin & Chi, 2009; 薛爽等, 2012), 但审计师个体角色会影响行业专长与审计质量之间的关系 (原红旗和韩维芳, 2012; 闫焕民, 2015)。二是审计独立性, Chen et al. (2010) 基于在事务所层次与审计师个体层次的研究发现, 审计师个体对客户的经济依赖度越高, 越可能损害审计独立性与审计质量; 国际大型事务所的声誉维护机制能够调节这一相关关系 (Chi et al., 2012)。不同形式的审计轮换制 (审计师个体轮换与事务所轮换) 对审计独立性的影响效果不同 (Geisler & Kin, 2008; Firth et al., 2012; 谢盛纹和闫焕民, 2014)。三是执业合规性, 已有研究表明审计师违规行为直接损害了个人 "学习效应" 发挥, 并损害审计质量 (闫焕民, 2015); 审计师执业违规行为遭到监管部门惩戒后, 会出现负面市场反应 (方哲, 2008; 刘峰等, 2010)。然而, 在声誉维护机制或惩戒威慑作用下, 受罚审计师也会采取较为谨慎的态度 (方军雄, 2011), 提高审计质量 (Fafatas, 2010; 刘笑霞和李明辉, 2013)。此外, 也有学者认为审计师行为监管与惩戒的效果取决于惩戒制度的制定与实施 (文建秀, 2003; 吴溪, 2008)。

2.3　文献评述

纵览国内外研究现状及发展动态可知:

第一, 审计师工作压力是审计实务界屡见不鲜的话题, 但学界理论研究尚且不足, 相关的经验研究更是付之阙如。近几年, 少数学者率先将工作压力这一重要议题引入审计领域展开讨论, 但学术研究成果甚少、观点亦存分歧。现有研究 (刘成立和张继勋，2008；Agoglia et al.，2010）大都采用实验研究或调查分析方法，探讨审计师工作压力对审计判断绩效或审计质量的影响，诚然，此类研究方法的固有局限性会影响研究结论的普适性，但能够为后续系统研究提供有益启示。因此，若对审计师工作压力问题加以经验研究，提供直接的经验证据支撑，预期可形成不同研究方法及研究成果的互补互促、相得益彰。

第二，审计作为一项“以人为本”特点鲜明的工作，着眼于审计工作的实际执行者——审计师个体的视角，考察审计师个体行为及审计质量等问题，是近20年来审计研究领域的重要发展趋势且方兴未艾。客观地讲，审计师个人工作压力恰恰是个体层次问题的现实反映，基于个体感知视角探究审计师工作压力反应及其影响，符合当前审计研究领域的主流趋势。更重要的自然优势是，相比美国审计市场，我国具备公司年报审计师个人数据资料，而且我国审计市场竞争环境以及公司年报集中审计的“忙季”特点，使我们有条件且有必要展开审计师个人工作压力问题的系统研究。故本书深入审计师个体感知视角，探究审计师工作压力影响审计质量的作用机理及其结果，以弥补该方面的理论研究与实证研究匮乏。这不但能够为该领域的问题研究提供来自中国情境下的逻辑思路与经验证据，而且对我国及其他国家的监管部门完善审计行为监管制度、促进审计行业发展具有重要的实践指导意义与政策参考价值。总之，中国情境下的审计师工作压力问题研究，即可“经验”自身，亦可“经验”他人。

第 3 章 基于工作压力 JD-C 模型的理论研究

3.1　基于工作压力 JD-C 模型的理论框架

为清晰揭示审计师个人工作压力传导机制及影响审计质量的作用路径，本书基于我国审计市场制度环境及审计实务工作特点，融合审计学、心理学及行为学等相关理论，根据是 JD-C 工作压力模型构建理论分析框架，主要包括基本理论框架Ⅰ与个体感知视角的拓展理论框架Ⅱ，如图 3－1 所示。

3.1.1　基本理论分析框架Ⅰ的构建

首先，暂不考虑审计师个体感知因素，基于 JD-C 工作压力模型，构建基本状态下的基本理论框架Ⅰ，揭示审计师工作压力传导及其影响审计质量的路径。根据 Karasek（1979）

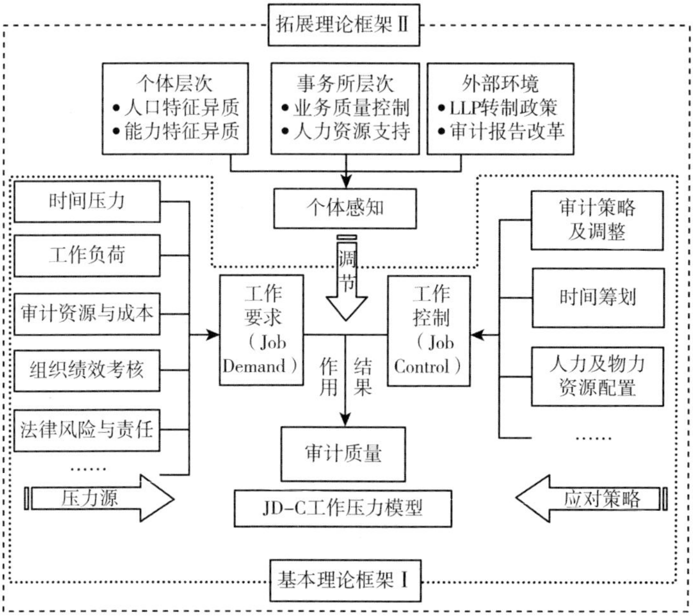

图3-1　基于工作压力JD-C模型的理论分析框架

提出的已被心理学及管理学等研究领域广泛认可并予以拓展应用的JD-C工作压力模型（*Job Demand-Control Model*），工作压力包含工作要求和工作控制两方面内容，工作压力产生的结果则取决于两者的共同作用。其中，工作要求（*Job Demand*）反映工作任务数量及难度，也即压力源，包括工作负荷、时间及资源限制等；工作控制（*Job Control*）反映个体对工作要求施加的作用，包括应对策略、缓解机制等。对于审计而言，审计师的工作要求（压力源）包括工作负荷与时间限制、审计资源与成本控制、法律风险与责任、组织绩效考核等多个方面，这些压力源共同交织，构成了审计师的

“工作要求”。[①] 针对工作要求，审计师个人层次可以采取的工作控制（应对策略）通常包括审计策略及调整、时间筹划、人力与物力资源配置等。[②] 根据 JD-C 工作压力模型，审计师个人的工作压力传导结果取决于审计师对“工作需求”实施的“工作控制”有效程度。那么，在会计师事务所质控机制既定的情况下，审计师的个人工作压力如何影响审计行为策略及审计质量？为了厘清审计师工作压力的传导机制，本章结合我国审计市场竞争环境及制度背景，基于图 3－1 中工作控制（压力源）的细分方面展开阐述。

（1）时间压力。大量调查研究表明时间压力（包括时限压力和时间预算压力）是影响审计行为的主要因素。具体地，一方面，我国证监会规定所有上市公司应当于 4 月 30 日之前披露经审计的财务报告，这意味面临明确的“时限压力”，必须在规定的时间内完成所有的审计工作并出具公允的审计报告。通常，客户公司规模越大、业务复杂度越高时，审计师的工作量也越大、耗时也越长，产生的时限压力也更明显。另一方面，据近五年的初步数据统计，我国审计市场中审计师平均每年审计且签字的上市公司数量超过三个，这意味着他们面临一定的“时间预算压力”，他们必须根据各个审计项目的特征与实际情况，进行权衡与筹划并合理分配工作时间。通常，在同一会计年度同时主审且签字的客户数量越多，可分配到每个项目的工作时间也就越

① 诚然，在审计实务中，审计师个人职业压力来源也包括家庭负担、身体健康及角色冲突等。但为了研究问题的明晰性与研究可行性，本章主要研究审计师工作本身层面的“直接压力源”。

② 通常，会计师事务所针对注册会计师工作需求的工作控制措施主要包括组织支持、激励机制等，但事务所层面的工作控制对注册会计师个人而言往往都是“既定”的。

少，时间预算压力也就越大。那么，在规定时限与时间预算的双重压力下，必然会采取相应的“工作控制”措施，包括各个审计项目的工时分配、项目成员安排等，但这些工作控制措施能否奏效取决于时间压力是否在“可控”范围之内。通常，随着时限压力与时间预算压力的增加，越有可能超出个人的“可控”边界，尤其是在审计“忙季”多个项目并行开展的情况下，时间压力更为凸显，他们很难保证每个审计项目都有足够的可支配时间去执行恰当且充分的审计程序，经常不得不采用压缩甚至提前终止审计程序的方法来满足时间要求，这都将直接影响审计证据获取的可靠性与充分性，进而影响审计判断效率（Pierce and Sweeney，2004）。

（2）工作负荷与职业倦怠。在我国，注册会计师审计是公认的工作负荷较大的特殊服务工作，整体的工作满意度偏低。一般而言，在年报集中审计“忙季”，个人同时承担的审计项目数量越多、项目复杂度或业务难度越大，工作负荷强度也就越大。针对高强度的工作负荷，其团队通常采取的“工作控制”措施无外乎是延长工作时间、加班加点，而且经常是持续数月，这无疑会影响的工作效率及效果，比如不合理地压缩审计时间、机械地执行审计程序，导致效率下降（Agoglia et al.，2010）。更为重要的是，长期处于紧张的时间压力与高强度工作负荷下，一旦超出了个人的承载范围，便会产生职业倦怠（Job Burnout）[①]，而且工作负荷与压力越大，职业倦怠感越强烈。进一步地，个人的职业倦怠感会导致情感耗竭、极度疲惫甚至“去人格化”，此类种种表现的潜在后果是：职业谨慎性与审计效率的下降，比如接受值得怀疑的审计证据，较少地采纳耗时且耗力的重新计算或

① 职业倦怠是指个体情感耗竭、人格解体及个人成就感低落的一种综合症状。

重新执行程序，减少必要的分析程序，从而难以识别客户与同行业者相关信息的不一致波动、与预期数据严重偏离的异常关系，降低其发现会计差异或错报的能力，增加审计失误的可能，最终损害审计质量（Margheim et al.，2011）。

（3）审计成本与绩效考核。虽然人们对审计师美其名曰“经济警察”，但事实上却是自负盈亏的、有限理性的“经济人”，这意味着工作必须遵从“成本－收益原则”，也即他们为每个审计项目分配的工作时间、人力及物力等审计支出都是有限制的，既要尽可能保证审计工作质量，更要与审计项目收费标准相匹配。通常，在会计师事务所审计资源总量既定的前提下，负责的审计项目复杂度与难度越大、个人承担的项目数量越多，资源限制及成本控制压力也往往越大。继而，在集中审计“忙季”，成本控制压力与事务所的质量控制要求之间就会产生冲突，压力越大则冲突越剧烈；尤其是伴随着我国审计市场竞争的加剧及事务所以时间预算为基础的绩效考核制度，这种“成本－质量”冲突日益加剧。总之，这种冲突加剧会增加故意“低报时间”甚至违背审计准则等不道德行为发生的可能，进而增加了审计失败的概率。

（4）法律风险与责任。随着经济环境变迁及产业全球化发展，公司业务及财务核算日趋复杂化并导致审计工作难度不断增加，而投资者及社会大众基于契约目的、决策制定与风险规避，对工作的期望随之提高。随着监管法规与政策的日臻完善，会计师事务所与因不恰当审计而承担的法律风险与责任也会日益明确。然而，审计知识与技术革新对审计能力的提升速度却相对缓慢，这种“期望－能力”落差及其“不平衡”发展，进一步加剧了审计师的工作压力，间接强化了工作压力对审计行为决策及审计质量的影响作用。

诚然，审计师个人在实务工作中面对的各种压力源并非单独发挥作用，而是相互交织在一起共同发挥作用的，由此产生的个人工作压力及其可能诱发的职业倦怠情绪会影响审计师的心理活动与行为决策，影响审计结果及其质量，而且工作压力越大，影响越明显。总之，究竟审计师个人工作压力如何影响审计质量，这取决于审计师针对“工作要求”实施的“工作控制”的有效程度，若有效则支持“激励论”，若无效则支持“冲突论”，抑或两者兼之。

3.1.2 个体感知视角的拓展理论分析框架Ⅱ的构建

根据心理学中个体感知理论：个体感知是个体感觉与知觉的统称，个体感知能够反映客观事物，但不等同于客观事物本身，因为个体感知带有个体的主观认识与判断。因此，面对同一客观事物，不同个体的感知具有差异性，这一感知差异主要取决于个体异质、情境因素等。以理推之，就审计而言，面对同等水平的业务负载与工作压力，不同审计师的个体感知有所不同，其工作压力反应及其影响结果自然也就不同。所以，下面依序放宽基本理论框架Ⅰ的假定条件，充分考虑审计师个体感知的影响因素，构建个体感知视角的拓展理论框架Ⅱ，主要涵盖个体异质、事务所及外部环境三个层次，如图3-2所示。

(1) 放宽“个体异质因素”。根据行为科学理论，“行为结果”的产生是由人的行为作用出来的（胡春晖和朱锦余，2016），而审计师个体作为审计工作的实际执行者，个体异质性必然会影响个体工作压力的感知及其行为表现，最终影响审计工作结果的质量。审计师个体异质性主要包括人口特征异质和能力特征异质。具体地，一方面，人口特征异质，无论任何职业，人口特征是工作者的最基本特征，包括性别、教育经历（学历和

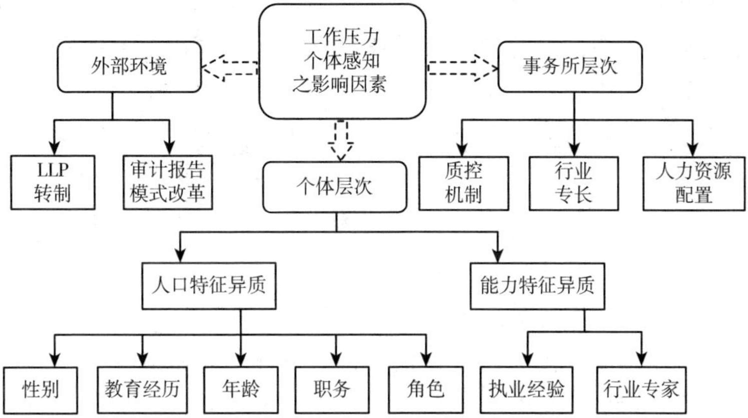

图 3－2　审计师对工作压力的个体感知的影响因素

专业)、年龄、职务及角色等方面。比如，不同性别的审计师拥有的心理资本、抗压能力、负载强度等有所不同，对工作压力的感知程度及压力反应自然有所差异。又如，处于不同年龄阶段的人群，对工作压力的感知及反应程度有所不同。就审计工作而言，年轻的审计人员相比年长者通常能够承受更大的工作强度，比如能够接受并承受延长工作时间；但年长者却比年轻者拥有更加丰富的工作经验与阅历，有助于缓解其对工作压力的感知。那么，在不同年龄段的审计师之间，个人工作压力反应可能存在差异。另一方面，能力特征异质，正所谓“能者善劳，能者多劳”，审计师个人能力的高低导致个人对工作压力的感知不同。比如，执业经验是审计师胜任能力的重要形成途径，丰富的执业经验有助于其准确地评估客户风险水平，制定高效的审计策略，提高工作效率，自然也缓解了工作压力的心理感知程度。又如，行业专家是审计师个人在特定行业的执业经验的特殊体现（但两者不等同），是个人执业能力的核心要素，是审计师个人在某行业相对于"该行业内的其他审计师"及相对于"其自身在其他行业"具备的经验优势与专业投资，这一专长在审计实务中能够转化为审计专业胜任能力的高效发挥。就此而言，面对同等水平的工作负荷及压力，"行业专家"与非"行业专家"对工作压力的感知可能有差异，压力反应及影响结果自然也不同。

（2）放宽"事务所因素"。毋庸置疑，审计师开展审计业务必须依托所属会计师事务所，那么，会计师事务所因素会影响审计师对工作压力的个体感知及其反应。幸运的是，我国特定的审计市场结构为该问题研究提供了自然条件。正如图 3－2 所示，一是会计师事务所类型，"本土"事务所与国际"四大"的国内合作事务所共同存在，它们的业务质量控制、员工工作支持及行为约束机制都是有差异的。二是人力资源配置，审计师带领审计项目团队执行审计业务的前提条件是必须拥有可支配的人力、物力等基本资源，尤其是人力资源，这都会影响审计师个人对工作压力的感知程度及其反应结果。此外，总分所机制，事务所"总所"与"分所"的声誉维护、风险管控等不尽相同，这可能影响审计师对工作压力的个体感知及其反应结果。

（3）放宽"外部环境因素"。根据行为科学理论，个体行为受到外部环境的约束。那么，审计师对工作压力的个体感知自然也受到外部环境及其变化的影响。正如图 3－2 所示，一方面，就我国审计市场而言，我国财政部与国家工商总局于 2010 年 7 月颁发了《关于推动大中型会计师事务所采用特殊普通合伙组织形式的暂行规定》（简称"LLP 转制"），要求大中型事务所向特殊普通合伙组织形式转变，由"有限责任公司制"转变为"特殊普通合伙制"，这种"低责任"状态过渡到"高责任"状态导致审计师承担的法律责任直接强化，尤其是作为事务所合伙人角色的审计师，这可能整体增强了审计师对工作压力的感知。

需要说明的是，LLP 转制并非单个事务所的自愿行为，而是统一的政策强制行为，故不属于事务所层次的异质体现，而是属于外部环境变化。另一方面，审计报告模式改革，2016 年 1 月 7 日，中国注册会计师协会发布修订审计报告相关准则的征求意见稿，其中最大亮点是要求上市公司财务报表的审计报告中增加“关键审计事项”部分，这一“个性化信息”要求将增加财务报表的决策有用性，但也将提高审计师工作要求、强化审计师责任，这会增加审计师对职业风险的感受及工作压力的感知。

综上，在图 3－1 所示的拓展理论框架Ⅱ下，跨层次内外因素（个体异质、事务所及外部环境）导致审计师个体感知差异，对“工作压力与审计质量之关系”的调节作用机理大致是：内外因素会导致审计师个人对“工作要求（压力源）”的感知强度之差异，抑或审计师个人可实施的“工作控制”策略的数量或质量之差异，抑或两者兼有，此差异直接导致审计师对“工作要求”施加“工作控制”的有效性的差异，进而导致工作压力反应及其影响结果的差异，最终体现为审计质量的差异。

3.2　基于理论框架的矩阵分析

依据前面构建的理论分析框架，为了厘清审计师工作压力影响审计质量的作用机理，建立图 3－3 所示的“JD-C 分析矩阵”：对应“基本理论框架Ⅰ”和“拓展理论框架Ⅱ”的工作压力作用结果分析矩阵，分布于四个象限。

（1）“高”工作要求与“高”工作控制（第一象限）。“双高”特点比较贴合我国目前的审计市场环境，工作压力反应及结果取决于审计师对“工作要求”实施“工作控制”的有效程

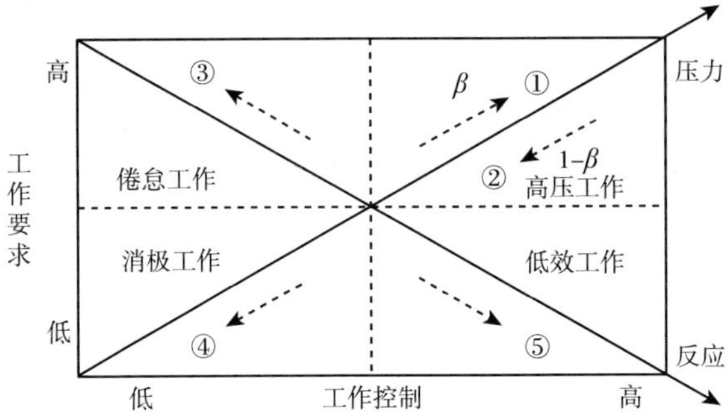

图 3－3　JD-C 分析矩阵

度。首先，在“基本理论框架Ⅰ”下，“高压高控”的结果有二：①有效（概率为 β），即审计师能够积极有效地应对“高”工作负荷与时间压力等，此种情况下工作压力至少不会严重损害审计质量，抑或产生激励效果，支持“激励论”；②无效（概率为 $1-\beta$），即工作负荷及压力水平已经超出审计师个人可以承受的“阈值”，此种情况下工作压力会影响审计师工作积极性甚至导致工作倦怠，降低审计决策效率并损害审计质量，支持“冲突论”。

其次，在“拓展理论框架Ⅱ”下，审计师对工作压力的个体感知差异能够调节压力反应及其结果。具体而言：①审计师个体异质因素导致个体感知差异，以“行业专家”为例，在同等工作压力水平下，行业专家比非行业专家对工作压力的感知程度通常较弱，行业专家对“工作要求”实施“工作控制”的有效程度会趋于“变大”，即概率值 β 增加，这意味着工作压力对审计质量的负面影响会减弱，抑或正面影响会增强。类似地，性别、角色及执业经验等导致个体感知差异亦可调节工作压力反应及其结果。②会计师事务所因素导致个体感知差异，以“会计师事务所类型”为例，通常国际“四大”事务所比国内“本土”事务所的执业质控机制更为严格，声誉维护机制也更加完善，审计师执业行为约束机制也更为严苛；那么，在同等工作压力水平下，相比国内“本土”事务所，国际“四大”事务所的审计师对工作压力的感知可能更加“强烈”，这有可能导致“工作控制”的有效程度趋于“变小”，即概率值 β 减小；抑或敦促审计师努力工作，提高“工作控制”的有效性，即概率值 β 增大。同理，总分所机制、人力资源配置因素导致审计师个体感知差异及其调节效应。③外部环境因素导致个体感知差异，以“LLP 转制”为例，“低责任”状态过渡到“高责任”状态导致审计师承担的法律责任直接强化，尤其是事务所的合伙审计师，这增强了他们对工作压力的感知，有可能促使“工作控制”的有效程度（β 值）趋于“变小”，抑或反之，这有待未来的实证检验。

（2）“高”工作要求与“低”工作控制（第二象限）。首先，在“基本理论框架Ⅰ”下，在第二象限内，审计师面临高水平的总工作要求，但并未拥有与之匹配的高水平的工作控制，这种现象可能出现在业务量较大但规模较小、员工较少的会计师事务所中。如此“高压低控”的结果通常是“倦怠工作”，而且伴随着审计师可实施的“工作控制”与“工作要求”的差距越来越大，这种“倦怠”情绪及其负面影响会越强烈，对审计师行为决策效率及审计质量的损害程度自然越大。其次，在“拓展理论框架Ⅱ”下，审计师个体感知差异能够调节压力反应及其结果。以“个体异质”因素为例，在同等条件下，执业经验丰富的审计师通常拥有更强的心理资本，对工作负荷的承载能力也越强，个人对工作压力的感知程度相对较弱，越能够缓解工作压力的负面影响，增强正面激励。

（3）“低”工作要求与“低”工作控制（第三象限）。首先，在“基本理论框架Ⅰ”下，在第三象限内，审计师面临低水平的工作要求，可实施的工作控制水平也较低，这种现象可能出现在业务量很少的小型会计师事务所中。如此“低压低控”的结果通常是“消极工作”，因为低水平工作要求意味着审计业务单一且缺乏挑战性，难以激起审计师工作热情，久而久之逐渐形成工作冷漠、丧失兴趣，进而损害审计工作效率及业务质量。其次，在“拓展理论框架Ⅱ”下，个体异质、会计师事务所、外部环境等因素导致审计师个体感知差异可以正向或负向调节“低压低控”的反应结果。

（4）“低”工作要求与“高”工作控制（第四象限）。首先，在“基本理论框架Ⅰ”下，在这一象限内，审计师面临较低水平的工作要求，但其可实施的工作控制水平却较高，如此“低压高控”的结果可能是“低效工作”，尽管“低效工作”并不意味着会损害审计质量，但也很难对审计工作及审计质量产生积极有利的影响。需要说明的是，就目前我国审计市场环境而言，审计师资源处于短缺状态，“低压高控”现象出现的概率尚且较低。其次，在“拓展理论框架Ⅱ”下，个体异质、会计师事务所及外部环境因素导致审计师个体感知差异如何正向或负向调节“低压低控”反应结果，不可一概而论。

第4章 审计师工作压力与审计意见决策的实证研究

4.1 理论分析与假设提出

4.1.1 审计师工作压力与审计意见决策

审计意见是关键的审计输出结果之一，具有显著的信号传递和衡量信息不对称功能，反映了审计师独立性及其对审计风险的谨慎程度，是审计质量的重要体现。素有“经济警察”美称的审计师为规避审计风险、保障审计质量，必须针对上市公司财务报告的各个环节执行更多测试，收集充分的审计证据，发现财务报表存在的重大错报，出具合理的审计意见。那么，在这一过程中，充分的注意力与时间投入便成为审计师发表合理、恰当的审计意见重要基础条件。

第一，基于资源限制理论观点，注意力作为一种心理资源，具备资源有限性的特征。尤其当一个人同时进行的多项任务所需要的资源之和超过其自身心理资源总量时，同时掌控这些任务的可能性下降。置于审计实务工作中，审计师的注意力是有限的心理资源，较之“本所同事”或“行业同仁”，审计师负载超额工作量越多，产生的工作压力越大，而工作压力的上升必然会造成注意力配置的分散，影响审计师意见决策的谨慎性。具体来说：一方面，审计师负载超额工作量越多，在公司财务报告的各个环节执行测试时注意力较为分散，可能遗漏一些重要环节的测试或测试未行之有效，这在一定程度上降低了审计师发现公司存在重大错报的可能性；另一方面，审计师负载超额工作量越多，越需要收集充分的审计证据来降低检查风险，而工作压力导致的注意力分散降低了审计师发现重要审计证据概率，表现为审计证据充分性不足，察觉公司存在重大错报的概率下降。

第二，基于审计时间限制角度，在我国，1—4 月是公司年报审计“忙季”，且在 4 月 30 日前必须完成所有的审计工作任务。此时，若审计师负载超额工作量越多，个人可支配资源有限情况下，工作压力会更加凸显，从而影响审计师意见决策的谨慎性。具体来说，在规定的时限内，审计师需要对公司财务报告执行更多的审计测试并收集充分的审计证据，当审计师负载超额工作量越多时，需要执行的审计测试与证据收集工作任务会更为繁重，可谓“时间紧，任务重”。审计师受工作时间限制，为在规定时间内完成全部审计任务并及时出具审计报告，可能会采取消极应对措施，比如减少审计测试环节、不恰当地修改重要性水平等措施。综上，基于“资源限制观”与“时间限制观”的分析，在有限的注意力资源与时间限制下，审计师相比“本所同事”或“行业同仁”负载的超额工作量越多则工作压力越大，导致其揭示客户重大错报概率及风险应对效率下降，审计谨慎性下降，审计意见决策的合理性与公允性下降。

当然，我们还需要考虑另一种可能情形：压力也可能产生积极影响。一方面，基于心理学领域的少数研究发现，工作压力可能存在正面激励效果，能够会激发工作者挑战或进取的心理与行为，并产生积极影响。将这一理论解释置入审计工作中，审计师承担“超额工作量”的动机也可能是追求个人经济利益最大化，包括个人薪酬激励、晋升合伙人等动机，尽管繁重工作量导致的时间紧张、人力资源紧张的局面不会因为审计师出于“何种动机”而改变，但审计师的经济自利性动机可能会刺激审计师努力工作，比如主动增加个人工作时间投入、积极排解个人工作倦怠情绪等，这有助于审计师将压力转变为动力。另一方面，审计师承担“超额工作量”也意味着审计师拥有更加丰富的审计工作阅历，积累了更多的审计经验，这也有助于增强审计师的客户风险识别与应对能力。但综合考虑，我们推测审计师工作压力对审计意见决策产生的影响是负面的，由此提出假设4-1。

假设4-1：限定其他条件，相比“本所同事”或“行业同仁”，审计师工作压力越大，对审计意见决策的负面影响越大，表现为更少为客户出具非标意见，审计报告激进度更高。

4.1.2　事务所组织支持机制对工作压力个体感知及其影响的调节效应

（1）事务所组织支持机制之人力资源配置。会计师事务所是通过专业服务的提供从而获取收费的中介服务型组织，提供高质量的审计服务、出具恰当公正的审计意见是事务所职责与价值所在，亦是事务所安身立命之根本。然而，审计师作为审计业务的具体执行者，其个体异质性能够对审计服务质量产生重要影响。尤其当审计师在超额工作量压力的驱使下，极易做出不恰当的审计意见决策。在实践工作中，会计师事务所作为审计业务的依托主体，若其拥有充沛的人力与智力资源，则能够作为有效的组织支持机制，缓解审计师工作压力对审计意见决策的负面影响。具体来说：如今知识经济的时代背景下，智慧创造价值的理念已深入人心，作为智慧载体的人力资源便显得愈发重要。会计师事务所具备典型的“人合”和“智合”特征，当事务所人力资源数量越充沛、质量越高时，审计师越能够对被审计单位进行充分了解并识别和评估财务报表中存在的重大错报风险。特别地，当审计师面临巨大工作压力时，有限的注意力资源及紧迫的时间安排降低了审计师意见决策合理性与谨慎度，但事务所充沛的人力与智力资源作为一种有效的组织支持机制，能够帮助审计师利用有限的注意力资源获取更有效的审计证据，并根据所获取审计证据做出更准确的审计判断，以此缓解审计师工作压力对审计意见决策的负面影响，由此提出假设 4 - 2a。

假设 4 - 2a：限定其他条件，事务所人力资源配置越充沛，越有利于缓解审计师工作压力个体感知及其对审计意见决策的负面影响。

（2）事务所组织支持机制之行业专长。在当前我国竞争激烈的审计市场环境下，会计师事务所通过在某一行业或若干行业业务的频繁承接过程中不断积累经验，形成了对该行业的专有知识、技能与竞争优势，亦称之为会计师事务所行业专长。具备行业专长的会计师事务所通常能够促进自身遵守审计准则的规定，并保证审计服务质量。特别地，当审计师面临巨大工作压力时，会计师事务所行业专长作为一种有效的组织支持机制，能够通过其所掌握的客户所在行业的经营特点、交易流程、特殊会计政策等专长知识，帮助审计师搜集审计证据、提高专业判断能力和审计效率，从而更准确地评估客户财务报告的合法性和公允性，以此缓解审计师工作压力对审计意见决策的负面影响，由此提出假设 4 -2b。

假设 4 -2b：限定其他条件，事务所具备行业专长时，有利于缓解审计师工作压力个体感知及其对审计意见决策的负面影响。

（3）事务所组织支持机制的质控机制。审计质量是事务所的生命线，科学的审计质量控制机制能够强化审计业务风险管理，保障审计业务质量。在审计实务中，一方面，具备严格质量控制机制的事务所为保障审计业务质量，通常会要求审计师在执业过程中投入足量的时间和技术资源，禁止随意压缩项目成本；另一方面，业务质量复核是事务所质控机制中的一个重要环节，拥有严格质控机制的事务所通常要求项目合伙人重视审计证据的充分性，关注项目的具体审计计划执行情况及客户潜在的重大错报风险，及时与项目负责人沟通。那么，当审计师面临工作压力时，严格的质量控制机制可能使审计师注意力资源更为分散，在各项目之间的审计时间投入更加难以平衡，这会导致审计程序与审计判断的效率下降，降低了审计师发现公司重大错报风险的可能性。由此可知，严格的事务所质控机制会强化审计师个人的工作压力感知，降低审计意见决策的合理性，由此提出假设 4 -2c。

假设 4 -2c：限定其他条件，事务所质控机制越严格，越会加强审计师工作压力个体感知及其对审计意见决策的负面影响。

4.2 变量界定与模型构建

4.2.1 变量界定

（1）审计意见决策。

①审计意见类型（*MAO*）。借鉴 Chen 等（2010）、余玉苗等（2013）研究经验，采用签字审计师为客户出具的审计意见类型作为衡量审计意见决策的直观指标之一，记为 *MAO*，若上市公司当年获得的审计意见为非标准审计意见（简称“非标意见”，包括带强调事项段的无保留意见、保留意见、否定意见及无法表示意见）时，*MAO* 取值为 1，否则为 0。

②审计报告激进度（*ARA*）。借鉴 Gul 等（2013）研究经验，采用审计报告激进度作为衡量审计意见决策的指标，记为 *ARA*，具体计算方法：①构建审计意见预测模型（4－1），估算签字审计师为客户公司出具非标意见的概率 *P_valu*；②审计报告激进度 $ARA = (P\_valu\text{-}MAO)$，*ARA* 的数值越大，表示签字审计师“实际为客户出具非标意见的概率”越小于“本应该为客户出具非标意见的概率”，这意味着审计报告激进度越高，审计师谨慎性越差。在模型（4－1）中，*Size* 表示公司规模，*Debt* 表示资产负债率，*Inv* 表示存货比率，*Rec* 表示应收账款比率，*Other* 表示其他应收账款比率，*List* 表示上市年数，*Roa* 表示资产报酬率，*Liqt* 表示流动比率，*Loss* 表示是否亏损。

$$MAO = \beta_0 + \beta_1 Size + \beta_2 Debt + \beta_3 Inv + \beta_4 Rec + \beta_5 Other + \beta_6 List + \beta_7 Roa + \beta_8 Liqt + \beta_9 Loss + \sum \lambda_n Ind_n + \varepsilon \quad (4-1)$$

（2）审计师工作压力。纵览已有文献，关于审计师工作压力的量化研究很少。比如施先旺等（2018）、张龙平和潘临（2018）均借鉴了Yan and Xie（2016）的界定方法，采用公司年报签字审计师当年审计且签字的上市公司客户数量或客户资产合计，测度签字审计师的“工作忙碌程度”，这一测度方法具有一定的合理性，但也有不足，主要理由是：现有研究直接将客户数或资产进行“平行累加”获得横截面数值，只代表签字审计师工作任务量的“绝对水平”，无法反映“相对水平”；然而，审计师工作压力应当是一种“相对水平”指标，因为“有对比，才会有压力”，个人感知的压力大小取决于个人所处的组织环境。换言之，审计师工作压力的测度方法应当体现审计师个人感知因素，而非简单地“平行测度”。不同于已有研究“工作忙碌程度”的内涵，本章研究“工作压力”是指审计师相比“其他人”负载的“超额”工作量产生的工作压力，主要从两个方面刻画“其他人”作为参照对象：一是“本所同事”（审计师归属的会计师事务所的其他签字审计师）；二是“行业同仁”（被审计客户所属行业的其他公司的年报签字审计师），具体测度方法如下：

①审计师工作压力：以“本所同事”作为参照对象的测度指标（$APres\_AF$）。

第一，相比“本所同事”，审计师 j 第 t 年的工作压力记为 $APres\_AF_{j,t}$，通过公式（4－2）计算比值获得：$WL\_APart_{j,t}$ 表示第 t 年审计师 j 的工作量（当年审计的上市公司年末资产合计数），$Mean\_WL\_AFirm_{j,t}$ 表示第 t 年审计师 j 所属会计师事务所所有签字审计师的平均工作量，$Size_{j,t,i}$ 表示审计师 j 第 t 年审计的公司 i 年末资产，n 表示审计师 j 第 t 年审计的上市公司数量，m 表示审计师 j 所属会计师事务所的签字审计师人数；那么，$APres\_AF_{j,t}$ 数值越大表示审计师 j（相比“本所同事”）负载的

"超额"工作量越大，工作压力越大。第二，鉴于我国上市公司年报通常由两位审计师签字，本章主测试部分采用两位签字审计师的工作压力的均值作为公司 i 第 t 年的签字审计师工作压力的测度；在稳健测试中，采用两者较大者及其他方法量化工作压力。

$$APres\_AF_{j,t} = \frac{WL\_APart_{j,t}}{Mean\_WL\_AFirm_{j,t}} = \frac{\sum_{i=1}^{n} Size_{j,t,i}}{(\sum_{j=1}^{m}\sum_{i=1}^{n} Size_{j,t,i})/m} \quad (4-2)$$

②审计师工作压力：以"行业同仁"作为参照对象的测度指标（$APres\_IN$）。

第一，相比"行业同仁"，公司 i 的审计师 j 第 t 年的工作压力记为 $APres\_IN_{j,t}$，通过公式（4－3）计算比值获得：$WL_APart_{j,t}$表示审计师 j 第 t 年的工作量（同上），$Mean_WL_IN_{j,t}$表示第 t 年客户公司 i 所属行业 k 的所有签字审计师的平均工作量，M 表示在行业 k 中签字审计师人数；那么，$APres_IN_{j,t}$数值越大，表示审计师 j（相比"行业同仁"）负载的"超额"工作量越大，工作压力越大。第二，同理，本章主测试部分采用两位签字审计师的工作压力的均值作为公司 i 第 t 年的审计师工作压力的测度；在稳健测试中，采用两者较大者及其他方法量化工作压力。

$$APres\_IN_{j,t} = \frac{WL\_APart_{j,t}}{Mean\_WL\_IN_{j,t}} = \frac{\sum_{i=1}^{n} Size_{j,t,i}}{(\sum_{j=1}^{M}\sum_{i=1}^{n} Size_{j,t,i})/M} \quad (4-3)$$

（3）事务所组织支持机制。

①人力资源配置。事务所人力及智力资本结构主要包含两方

面：第一，事务所人力资源结构，采用事务所的注册会计师人数与当年签字审计师人数的比值测度，记为 $AFirm\_hr$，该数值越大，表示事务所的人力资源越丰富，签字审计师可支配的工作人员越充足，越有助于缓解审计师工作压力；第二，事务所智力资源结构，采用事务所中财务会计专业出身的审计师比例（$AFirm\_maj$）、具有硕士学历的审计师比例（$AFirm\_mast$）、阅历丰富的审计师比例（$AFirm\_exp$）测度（其中审计师阅历的界定标准是全样本审计师年龄的75%分位数），这类指标数值越大，表示事务所的智力资本结构越佳，越有助于缓解审计师工作压力。综上，本章界定人力资源结构指标（$AFirm\_hr$）及智力资本结构指标（$AFirm\_maj$、$AFirm\_mast$、$AFirm\_exp$）均高于样本中值，意味着事务所人力及智力资本结构越佳且 $AFirm\_hq=1$，否则 $AFirm\_hq=0$。

②行业专长。同上理：第一，分别采用行业市场份额法和行业组合份额法计算事务所的行业专长，分别记为 $AFirm\_mar_{j,k,t}$（公式4－4）、$AFirm\_es_{j,k,t}$（公式4－5）；第二，若事务所行业专长指标 $AFirm\_mar_{j,k,t}$、$AFirm\_es_{j,k,t}$ 数值均高于样本中值，意味着事务所在客户所属行业具备行业专长优势，$AFirm\_exp=1$，否则 $AFirm\_exp=0$。具体地，在公式（4－4）中，$AFirm\_mar_{j,k,t}$ 表示第 t 年事务所 $AFirm_j$ 在行业 k 所占市场份额，$Size_{j,k,t,i}$ 表示第 t 年事务所 $AFirm_j$ 在行业 k 审计的公司 i 年末资产，P 表示第 t 年事务所 $AFirm_j$ 在行业 k 审计的客户数量，Q 表示第 t 年在行业 k 中事务所数量；类似地在公式（4－5）中，$AFirm\_es_{j,k,t}$ 表示第 t 年事务所 $AFirm_j$ 在行业 k 的客户业务比重（相对于事务所当年审计的所有客户业务而言），R 表示第 t 年事务所 $AFirm_j$ 审计的客户总数，其他指标与公式（4－2）相同。

$$AFirm\_mar_{j,k,t} = \frac{\sum_{i=1}^{P} Size_{j,k,t,i}}{\sum_{j=1}^{Q}\sum_{i=1}^{P} Size_{j,k,t,i}} \tag{4-4}$$

$$AFirm\_es_{j,k,t} = \frac{\sum_{i=1}^{P} Size_{j,k,t,i}}{\sum_{i=1}^{R} Size_{j,k,t,i}} \tag{4-5}$$

③质控机制。本书主要从两个方面描述事务所的质控机制：第一，事务所出具非标意见概率（*AFirm_MAO*），通常事务所当年为客户出具的非标意见概率越高，意味着事务所的质控机制越严格；第二，事务所业务监督力度（*AFirm_supv*），采用事务所“总分所合作”审计的比例予以测度，若某客户公司年报的两位签字审计师分别来自事务所总所与某一分所（该业务可能归属该分所），即“总分所合作”为审计模式，这意味着事务所总所对下属分支机构的业务监督力度越大，质控机制越严格。综上，本章界定事务所出具非标意见概率（*AFirm_MAO*）、事务所业务监督力度（*AFirm_supv*）均高于样本中值，意味着事务所质控机制越严格且 $AFirm\_qc=1$，否则 $AFirm\_qc=0$。

④控制变量。为控制影响审计意见决策的因素，借鉴已有研究经验，第一，公司特征层面，控制了公司规模（*Size*）、财务状况（*Debt*）、流动比率（*Liqt*）、现金流状况（*Cash*）、应收账款比率（*Rec*）、存货比率（*Inv*）、盈利能力（*Roe*）、是否ST(*ST*)、产权性质（*Soe*）、两职合一（*Dual*）、代理成本（*Cost*）、监督机构（*Supv*）、上市年数（*List*）；第二，会计师事务所特征层面，包括事务所规模（*Big4*）、事务所任期（*FTen*）、本地所（*Loc*）、事务所变更（*FChg*）、客户数量（*FNum*）、客户重要性（*FImp*）；第三，签字审计师特征层面，包括审计师任

期（*APTen*）、上期审计师的审计意见类型（*LagMAO*）、审计师行业专长（*APE*）、审计师性别（*APGen*）、审计师年龄（*APAge*）；除此之外，控制了公司注册地的中介市场发育程度（*Market*），控制会计师事务所、年度和行业层面的固定效应，具体变量定义和说明见表 4-1。

表 4-1　　　　变量定义和说明

变量类别	变量名称	变量标识	变量说明
被解释变量	审计意见决策	*MAO*	公司当年获得非标意见取值为 1，否则为 0
		ARA	审计报告激进度，实际为客户出具非标意见的概率与本应为客户出具非标意见的概率之差
解释变量	工作量压力	*APres_AF*	以"本所同事"作为参照对象的测度指标
		APres_IN	以"行业同仁"作为参照对象的测度指标
	事务所组织支持机制	*AFirm_hq*	人力资源配置
		AFirm_exp	行业专长
		AFirm_qc	质控机制
控制变量	公司规模	*Size*	年末总资产的自然对数
	财务状况	*Debt*	负债与总资产的比值
	流动比率	*Liqt*	流动资产与总资产的比值
	现金流状况	*Cash*	每股经营活动产生的现金净流量
	应收账款比率	*Rec*	应收账款与营业收入的比值
	存货比率	*Inv*	存货与营业收入的比值
	盈利能力	*Roe*	净资产收益率
	是否 ST	*ST*	公司当年被 *ST* 处理则取值为 1，否则为 0
	产权性质	*Soe*	国企取值为 1，否则为 0
	两职合一	*Dual*	董事长与总经理两职合一取值为 1，否则为 0
	代理成本	*Cost*	管理费用除以营业收入

续表

变量类别	变量名称	变量标识	变量说明
控制变量	监督机构	*Supv*	四委设立个数
	上市年数	*List*	公司上市总年数
	事务所规模	*Big4*	公司聘请排名前四大事务所取值为 1，否则为 0
	事务所任期	*FTen*	事务所累计为公司提供年报审计的年数
	本地所	*Loc*	公司和事务所（分所层面）是同省份取值为 1，否则为 0
	事务所变更	*FChg*	事务所发生变更取值为 1，否则为 0
	客户数量	*FNum*	事务所当年审计上市公司客户总数
	客户重要性	*FImp*	客户公司总资产占事务所当年审计客户资产合计的比值
	审计师任期	*APTen*	审计师累计审计年数，取两位审计师较大值
	上期审计意见类型	*LagMAO*	上年度审计意见是非标意见取值为 1，否则为 0
	审计师行业经验	*APE*	审计师在客户所属行业累计审计的客户资产合计的自然对数，取两位审计师的均值
	审计师性别	*APGen*	两位审计师中男性人数
	审计师年龄	*APAge*	两位审计师年龄均值
	公司注册地的中介市场发育程度	*Market*	根据王小鲁等（2018）市场化指数的子指数－地区市场中介组织的发育程度指标
	事务所固定效应	*AudFirm*	会计师事务所虚拟变量
	年度固定效应	*Year*	年度虚拟变量
	行业固定效应	*Ind*	行业虚拟变量

4.2.2 模型构建

（1）为了检验审计师工作压力对审计意见决策的影响，借鉴 Chen et al.（2010）、余玉苗等（2013）等研究经验，构建模型（4-6），其中当被解释变量为 *MAO* 时，采用 Logit 回归模型进行检验，下同：

$$AudOpin = \alpha_0 + \alpha_1 APres + \sum Controls + \sum AudFirm + \sum Year + \sum Ind + \varepsilon \quad (4-6)$$

在上述模型中，被解释变量是审计意见决策（*AudOpin*）分别采用审计意见类型（*MAO*）、审计报告激进度（*ARA*）进行测度；主要解释变量（*APres*）分别采用以“本所同事”作为参照对象的测度指标（*APres_AF*）、以“行业同仁”作为参照对象的测度指标（*APres_IN*）进行测度；*Controls* 表示影响审计意见决策的控制变量组合，包括公司特征和会计师事务所特征及签字审计师特征等；*AudFirm* 表示会计师事务所虚拟变量；*Year* 表示年度虚拟变量；*Ind* 表示行业虚拟变量。

（2）为了检验会计师事务所作为正式组织的支持机制对审计师工作压力与审计意见决策之间关系的调节效应，构建模型（4-7）：

$$AudOpin = \alpha_0 + \alpha_1 APres + \alpha_2 AFirm + \alpha_3 APres \times AFirm + \sum Controls + \sum AudFirm + \sum Year + \sum Ind + \varepsilon \quad (4-7)$$

在上述模型中，调节变量是会计师事务所组织支持机制（*AFirm*），分别采用事务所人力资源配置（*AFirm_hq*）、事务所行业专长（*AFirm_exp*）以及质控机制（*AFirm_qc*）进行测度，其他变量同模型（4-6）。

4.3 实证分析

4.3.1 研究样本与数据来源

本章选取2009年至2018年我国沪、深A股上市公司作为初始研究样本，遵照已有研究惯例进行样本筛选（见表4-2），最终获得样本观测值22477个。公司财务数据主要来自CSMAR数据库，审计师个人信息数据主要依据中国注册会计师协会信息管理系统及巨潮资讯网站进行手工收集、整理获得，并且逐一修正审计师姓名错误、重名等情形。此外，为了缓解研究模型中变量极端值的干扰，对所有连续变量进行首尾1%分位的缩尾处理。

表4-2　　　　样本筛选

2009—2018年	样本数量
初始样本	26841
剔除：原始数据库中包含的公司*IPO*之前年度观测值	391
行业性质特殊的金融保险类公司观测值	518
因所需财务指标数据缺失而无法计算审计报告激进度（*ARA*）的公司观测值	1474
因上市首年或其他原因缺失上期年报审计意见信息（*lagMAO*）的公司观测值	1509
年报缺失审计师签字及个人信息的公司观测值	208
研究模型中变量指标数据缺失的公司观测值	264
最终样本	22477

4.3.2 描述性统计分析

（1）表4-3报告了不同规模会计师事务所的审计师工作量均值对比。众所周知，会计师事务所规模不同，其组织形式、人员机构及客户量级等各不相同，审计师承担的平均工作量亦有所差异。所以，不同类型事务所的审计师承担的工作量不能简单地进行横向“直接对比”，必须设置“参照物”进行对比分析。本章根据历年中注协公布的会计师事务所综合评价信息，将事务所规模界定国际“四大”、国内“十大”以及“十四大”，并按照规模划分为国际“四大”VS非国际“四大”、国内“十大”VS非国内“十大”、“十四大”VS非“十四大”后进行了分组对比检验。表4-3结果显示：在不同规模事务所组别之间，审计师工作量（$WL\_APart_{j,t}$）的均值存在显著差异，国际“四大”、国内“十大”以及“十四大”之间审计师承载的平均工作量各不相同。

表4-3 不同规模会计师事务所的审计师工作量均值对比

	非四大	四大	非十大	十大	非十四大	十四大
审计师工作量均值	23.055	24.923	23.184	23.139	22.885	23.279
样本量	21262	1215	8284	14193	7049	15428
均值差异	-1.869***		0.045**		-0.394***	
T值	-51.556		2.489		-21.280	

注：***、**和*分别表示在1%、5%和10%的水平上显著。

（2）表4-4报告了不同客户行业的审计师工作量均值对比。在实务中，客户公司所属行业不同，审计师承载的平均工作量也有较大差异，结果显示：担任采矿业、建筑业及房地产业的公司年报审计师承载的平均工作量较高，而担任住宿和餐饮业、信息传输、软件和信息技术服务业及科学研究和技术服务业的审计师承载的工作量则相对较低。

表 4-4　不同行业类别下的审计师工作量均值对比

行业类别	样本量	审计师工作量均值
农业	365	22.416
采矿业	517	23.980
制造业	15012	23.126
电力、热力、燃气及水电生产和供应业	639	23.756
建筑业	369	23.889
批发和零售	1363	23.099
交通运输、仓储、邮政	696	23.783
住宿和餐饮业	103	21.810
信息传输、软件和信息技术服务业	1310	22.349
房地产业	1213	23.805
租赁和商业服务业	145	23.079
科学研究和技术服务业	43	22.351
水利、环境和公共设施管理业	214	22.723
文化体育和娱乐	227	23.010
公共管理、社会保障和社会组织	261	22.607
合计	22477	23.156

综上，不同类型的会计师事务所之间、不同的客户公司归属行业之间，审计师承载的工作量存在明显差异，说明针对审计师工作压力的指标测度必须考虑事务所类型与行业因素差异，这也说明了本章构建审计师工作压力“相对指标”的合理性与必要性。

(3) 模型变量描述统计分析。表 4-5 报告了模型变量的描述性统计结果。其一，在审计意见决策方面，*MAO* 的均值为

0.039，标准差为0.194，表示大约4%的样本公司被出具非标审计意见；*ARA* 的均值为 -0.0002，标准差为0.164，最小值和最大值分别为 -0.949 和 0.337，数据分布合理。其二，在审计师工作压力方面，基于“本所同事”的工作压力指标 *APres_AF* 的均值为1.512，最大值是3.620，最小值是0.476；基于“行业同仁”的压力指标 *APres_IN* 的均值为1.155，最大值是3.094，最小值是0.339；说明审计师负载的工作压力具有一定差异。其三，在控制变量方面，公司规模 *Size* 的均值为22.062，财务状况 *Debt* 的均值为0.439，事务所任期 *Ften* 平均值为7年，公司聘请国际四大事务所的比例约为5.4%，这与已有文献研究基本吻合。

表4-5　　　　描述性统计结果

变量	样本量	均值	标准差	下四分位数	中位数	上四分位数	最小值	最大值
MAO	22477	0.039	0.194	0	0	0	0	1
ARA	22477	-0.0002	0.164	0.004	0.010	0.026	-0.949	0.337
APres_AF	22477	1.512	0.676	1.010	1.421	1.898	0.476	3.620
APres_IN	22477	1.155	0.595	0.707	1.041	1.486	0.339	3.094
Size	22477	22.062	1.278	21.142	21.897	22.799	19.535	25.929
Debt	22477	0.439	0.212	0.269	0.433	0.600	0.051	0.914
Liqt	22477	2.381	2.524	1.087	1.604	2.578	0.283	16.541
Cash	22477	0.374	0.806	0.010	0.269	0.657	-2.237	3.633
Rec	22477	0.233	0.234	0.061	0.166	0.319	0	1.172
Inv	22477	0.418	0.765	0.106	0.194	0.363	0	5.085
Roe	22477	0.062	0.138	0.027	0.069	0.120	-0.730	0.374
ST	22477	0.031	0.174	0	0	0	0	1
Soe	22477	0.395	0.489	0	0	1	0	1

续表

变量	样本量	均值	标准差	下四分位数	中位数	上四分位数	最小值	最大值
Dual	22477	0.250	0.433	0	0	1	0	1
Cost	22477	0.106	0.092	0.051	0.085	0.128	0.010	0.609
Supv	22477	3.870	0.424	4	4	4	0	4
List	22477	10.124	6.771	4	9	16	1	28
Big4	22477	0.054	0.226	0	0	0	0	1
FTen	22477	6.672	5.231	3	5	9	1	27
Loc	22477	0.668	0.471	0	1	1	0	1
FChg	22477	0.090	0.286	0	0	0	0	1
FNum	22477	183.815	154.761	50	138	315	1	576
FImp	22477	0.013	0.027	0.001	0.003	0.011	0	0.178
APTen	22477	3.878	2.527	2	3	5	1	17
LagMAO	22477	0.033	0.178	0	0	0	0	1
APE	22477	23.528	1.391	22.605	23.552	24.426	15.577	29.813
APGen	22477	1.384	0.658	1	1	2	0	2
APAge	22477	41.200	4.895	37.500	41.000	44.500	27	65.500
Market	22477	6.921	3.075	4.510	6.320	9.495	-1.480	15.250

4.3.3 相关性分析

表4-6报告了模型主要变量的 *Pearson* 相关性分析结果：*MAO* 与 *APres_AF*、*MAO* 与 *APres_IN* 的相关系数均在1%的水平显著为负，*ARA* 与 *APres_AF*、*ARA* 与 *APres_IN* 的相关系数均在1%的水平显著为正，说明在不考虑其他影响因素的情况下，审计师工作压力会降低审计师出具非标意见的概率，增加审计报告激进度，初步支持假设4-1的推测。

表4-6　Pearson 相关性检验

相关系数	*MAO*	*ARA*	*APres_AF*	*APres_IN*
MAO	1			
ARA	-0.892***	1		
APres_AF	-0.038***	0.030***	1	
APres_IN	-0.046***	0.029***	0.902***	1

注：***、** 和 * 分别表示在1%、5%和10%的水平上显著。

表4-7报告了样本均值T检验的结果：（1）基于“本所同事”的工作压力指标 *APres_AF* 进行样本分组，当 *APres_AF* 大于1时，则视为“压力组”，否则视为“无压力组”。“压力组”样本的 *MAO* 均值是0.036、*ARA* 均值是0.001，“无压力组”样本的 *MAO* 均值是0.048、*ARA* 均值是-0.005，组间差异至少在5%水平显著。（2）基于“行业同仁”的工作压力指标 *APres_IN* 均值进行分组，当 *APres_IN* 大于1时，则视为“压力组”，否则视为“无压力组”。“压力组”样本的 *MAO* 均值是0.034、*ARA* 均值是0.003；“无压力组”样本的 *MAO* 均值是0.046、*ARA* 均值是-0.004，组间差异均在1%水平显著；上述结果表明审计师工作压力对审计意见决策及谨慎性具有负面影响，初步支持假设4-1的推测。

表4-7　均值T检验

分组变量	变量名称	无压力组		压力组		均值差异	T值
		样本量	均值	样本量	均值		
APres_AF	*MAO*	5485	0.048	16992	0.036	0.012***	4.040
	ARA	5485	-0.005	16992	0.001	-0.006**	-2.513
APres_IN	*MAO*	10539	0.046	11938	0.034	0.012***	4.610
	ARA	10539	-0.004	11938	0.003	-0.006***	-2.825

注：***、** 和 * 分别表示在1%、5%和10%的水平上显著。

4.3.4 多元回归分析

（1）审计师工作压力对审计意见决策的影响。表4-8列示了审计师工作压力对审计意见决策的影响的多元回归结果。为缓解研究样本可能存在的截面异方差及时间序列自相关问题，本章涉及多元回归模型均在公司与年度两个维度对估计系数的标准误进行 *Cluster* 处理。

表4-8　审计师工作压力与审计意见决策

变量名称	基于“本所同事”的压力指标 *APres_AF*		基于“行业同仁”的压力指标 *APres_IN*	
	MAO	*ARA*	*MAO*	*ARA*
APres	-0.176*** (-2.826)	0.003*** (2.842)	-0.235*** (-3.041)	0.004*** (2.724)
Size	-0.135 (-1.000)	-0.016*** (-11.135)	-0.134 (-1.006)	-0.016*** (-11.240)
Debt	1.965*** (4.491)	0.067*** (3.795)	1.958*** (4.474)	0.067*** (3.797)
Liqt	-0.008 (-0.219)	0.001 (1.048)	-0.008 (-0.236)	0.001 (1.054)
Cash	-0.174** (-2.324)	0.001 (0.817)	-0.173** (-2.310)	0.001 (0.818)
Rec	0.347*** (3.189)	-0.020*** (-4.228)	0.349*** (3.188)	-0.020*** (-4.218)
Inv	-0.130*** (-2.892)	-0.011*** (-5.355)	-0.131*** (-2.914)	-0.011*** (-5.353)
Roe	-3.924*** (-10.607)	0.005 (0.300)	-3.931*** (-10.605)	0.005 (0.303)

续表

变量名称	基于“本所同事”的压力指标 APres_AF		基于“行业同仁”的压力指标 APres_IN	
	MAO	*ARA*	*MAO*	*ARA*
ST	0.994 ** (2.465)	-0.047 (-1.304)	0.997 ** (2.481)	-0.047 (-1.305)
Soe	-0.535 ** (-2.068)	0.008 (1.337)	-0.536 ** (-2.071)	0.008 (1.334)
Dual	0.086 (0.904)	-0.001 (-0.386)	0.086 (0.915)	-0.001 (-0.396)
Cost	2.816 *** (4.997)	-0.052 * (-1.793)	2.815 *** (4.985)	-0.052 * (-1.792)
Supv	0.076 (0.814)	-0.001 (-1.002)	0.077 (0.819)	-0.001 (-0.999)
List	0.045 *** (3.421)	0.001 *** (2.972)	0.045 *** (3.442)	0.001 *** (2.973)
Big4	-11.796 *** (-8.107)	0.023 (0.803)	-11.805 *** (-8.098)	0.023 (0.815)
FTen	-0.012 (-1.122)	0.000 (0.794)	-0.012 (-1.141)	0.000 (0.801)
Loc	-0.071 (-0.390)	0.002 (0.622)	-0.068 (-0.373)	0.002 (0.618)
FChg	0.024 (0.272)	0.003 (0.915)	0.023 (0.269)	0.003 (0.939)
FNum	0.000 (0.796)	-0.000 (-0.641)	0.001 (1.030)	-0.000 (-0.802)
FImp	2.899 (0.922)	-0.069 (-0.900)	2.858 (0.908)	-0.069 (-0.896)

续表

变量名称	基于“本所同事”的压力指标 *APres_AF*		基于“行业同仁”的压力指标 *APres_IN*	
	MAO	*ARA*	*MAO*	*ARA*
APTen	-0.005 (-0.221)	-0.000 (-0.087)	-0.005 (-0.208)	-0.000 (-0.080)
LagMAO	3.448*** (24.990)	-0.408*** (-17.065)	3.448*** (25.029)	-0.408*** (-17.058)
APE	0.002 (0.045)	-0.000 (-0.040)	0.003 (0.067)	-0.000 (-0.036)
APGen	0.194*** (3.382)	-0.002** (-2.072)	0.193*** (3.337)	-0.002** (-2.044)
APAge	0.006 (0.655)	-0.000 (-1.020)	0.006 (0.650)	-0.000 (-1.027)
Market	-0.033** (-2.547)	0.001 (1.642)	-0.033** (-2.569)	0.001* (1.646)
截距项	-2.785 (-0.933)	0.349*** (8.797)	-2.798 (-0.934)	0.349*** (8.794)
事务所	控制	控制	控制	控制
年度	控制	控制	控制	控制
行业	控制	控制	控制	控制
伪 R^2/调整 R^2	0.462	0.214	0.462	0.214
样本量	22477	22477	22477	22477

注：***、**和*分别表示在1%、5%和10%的水平上显著。

首先，基于“本所同事”的工作压力指标 *APres_AF* 作为审计师工作压力测度指标，以审计报告意见（*MAO*）作为审计意见决策的度量指标，*APres* 的回归系数在1%的水平显著为负；以审计报告激进度（*ARA*）作为审计意见决策的度量指标，

APres 的回归系数在 1% 的水平显著为正；其次，基于“行业同仁”的工作压力指标 *APres_IN* 作为审计师工作压力测度指标，以审计报告意见（*MAO*）作为审计意见决策的度量指标，*APres* 的回归系数在 1% 的水平显著为负；以审计报告激进度（*ARA*）作为审计意见决策的度量指标，*APres* 的回归系数在 1% 的水平显著为正。综合上述，签字审计师工作压力降低了审计师出具非标审计意见的概率，提高了审计报告激进度，总体上降低了审计意见决策合理性与谨慎性，说明审计师工作压力对审计意见决策具有负面影响，支持假设 4 - 1。

表 4 - 9 报告了考虑审计师工作压力与审计意见决策的线性关系稳健性的回归结果。结果显示：基于“本所同事”的工作压力指标 *APres_AF*，审计工作压力的二次型 $APres^2$ 系数均不显著，故不支持“动力论”假说；同样，基于“行业同仁”的工作压力指标 *APres_IN* 的结论也是类似的，说明本章研究结论稳健。

表 4 - 9　　考虑审计师工作压力与审计意见决策之间的非线性关系

变量名称	基于“本所同事”的压力指标 *APres_AF*		基于“行业同仁”的压力指标 *APres_IN*	
	MAO	*ARA*	*MAO*	*ARA*
APres	0.098 (0.325)	0.001 (0.068)	-0.081 (-0.278)	0.004 (0.563)
$APres^2$	-0.080 (-0.844)	0.001 (0.379)	-0.056 (-0.501)	-0.000 (-0.058)
Size	-0.132 (-0.961)	-0.016*** (-10.873)	-0.133 (-0.976)	-0.016*** (-11.097)

续表

变量名称	基于“本所同事”的压力指标 APres_AF		基于“行业同仁”的压力指标 APres_IN	
	MAO	ARA	MAO	ARA
Debt	1.967*** (4.484)	0.067*** (3.799)	1.957*** (4.458)	0.067*** (3.800)
Liqt	-0.008 (-0.221)	0.001 (1.050)	-0.008 (-0.244)	0.001 (1.050)
Cash	-0.174** (-2.330)	0.001 (0.819)	-0.173** (-2.303)	0.001 (0.818)
Rec	0.348*** (3.265)	-0.020*** (-4.229)	0.351*** (3.235)	-0.020*** (-4.214)
Inv	-0.131*** (-2.901)	-0.011*** (-5.341)	-0.131*** (-2.922)	-0.011*** (-5.371)
Roe	-3.924*** (-10.589)	0.005 (0.300)	-3.932*** (-10.556)	0.005 (0.303)
ST	0.994** (2.471)	-0.047 (-1.303)	0.998** (2.477)	-0.047 (-1.303)
Soe	-0.531** (-2.079)	0.008 (1.340)	-0.533** (-2.086)	0.008 (1.342)
Dual	0.084 (0.895)	-0.001 (-0.385)	0.086 (0.918)	-0.001 (-0.394)
Cost	2.825*** (5.017)	-0.052* (-1.793)	2.820*** (4.999)	-0.052* (-1.794)
Supv	0.079 (0.840)	-0.001 (-1.003)	0.078 (0.830)	-0.001 (-0.997)
List	0.045*** (3.430)	0.001*** (2.948)	0.045*** (3.440)	0.001*** (2.948)

续表

变量名称	基于“本所同事”的压力指标 APres_AF		基于“行业同仁”的压力指标 APres_IN	
	MAO	ARA	MAO	ARA
Big4	-11.791*** (-8.091)	0.023 (0.801)	-11.798*** (-8.127)	0.023 (0.819)
FTen	-0.013 (-1.172)	0.000 (0.801)	-0.012 (-1.174)	0.000 (0.791)
Loc	-0.071 (-0.388)	0.002 (0.618)	-0.067 (-0.363)	0.002 (0.615)
FChg	0.024 (0.278)	0.003 (0.923)	0.024 (0.275)	0.003 (0.937)
FNum	0.001 (0.823)	-0.000 (-0.649)	0.001 (1.028)	-0.000 (-0.804)
FImp	2.860 (0.913)	-0.069 (-0.901)	2.857 (0.908)	-0.069 (-0.890)
APTen	-0.005 (-0.231)	-0.000 (-0.085)	-0.005 (-0.202)	-0.000 (-0.081)
LagMAO	3.447*** (25.073)	-0.408*** (-17.072)	3.448*** (25.031)	-0.408*** (-17.061)
APE	-0.002 (-0.033)	-0.000 (-0.008)	0.001 (0.018)	-0.000 (-0.039)
APGen	0.196*** (3.325)	-0.002** (-2.063)	0.193*** (3.328)	-0.002** (-2.065)
APAge	0.007 (0.672)	-0.000 (-1.005)	0.007 (0.659)	-0.000 (-1.001)
Market	-0.033*** (-2.577)	0.001 (1.636)	-0.033** (-2.560)	0.001 (1.620)

续表

变量名称	基于“本所同事”的压力指标 $APres\_AF$		基于“行业同仁”的压力指标 $APres\_IN$	
	MAO	*ARA*	*MAO*	*ARA*
截距项	-2.836 (-0.895)	0.349*** (8.549)	-2.729 (-0.868)	0.347*** (8.504)
事务所	控制	控制	控制	控制
年度	控制	控制	控制	控制
行业	控制	控制	控制	控制
伪 R^2/调整 R^2	0.462	0.214	0.462	0.214
样本量	22477	22477	22477	22477

注：***、**和*分别表示在1%、5%和10%的水平上显著。

（2）会计师事务所组织支持机制调节效应。表4-10列示了会计师事务所人力资源配置的调节效应的回归结果，结果显示：基于“本所同事”的工作压力指标 $APres\_AF$ 作为审计师工作压力测度指标，以审计报告意见（*MAO*）作为审计意见决策的度量指标，审计师工作压力与会计师事务所组织支持机制交乘项 $APres \times AFirm\_hq$ 的回归系数至少在5%的水平显著为正；以审计报告激进度（*ARA*）作为审计意见决策的度量指标，交乘项 $APres \times AFirm\_hq$、$APres \times AFirm\_exp$ 的回归系数均在5%的水平显著为负。这说明在会计师事务所组织支持机制视角下，人力资源配置充沛的会计师事务所，能够发挥人力资源规模效应优势，促进组织支持机制的积极效应生成，缓解审计师工作压力对审计意见决策的负面影响，支持本章假设4-2a。

表 4-10　会计师事务所人力资源配置的调节效应

变量名称	基于“本所同事”的压力指标 *APres_IN*		基于“行业同仁”的压力指标 *APres_IN*	
	MAO	*ARA*	*MAO*	*ARA*
APres	-0.207*** (-3.104)	0.004*** (3.187)	-0.267*** (-3.307)	0.005*** (3.037)
AFirm_hq	-1.384* (-1.936)	0.041** (2.058)	-1.062 (-1.611)	0.034* (1.867)
APres × *AFirm_hq*	1.101*** (2.915)	-0.032** (-2.503)	1.361** (2.521)	-0.041** (-2.098)
Size	-0.129 (-0.965)	-0.016*** (-11.268)	-0.130 (-0.974)	-0.017*** (-11.377)
Debt	1.968*** (4.456)	0.067*** (3.808)	1.964*** (4.458)	0.067*** (3.810)
Liqt	-0.007 (-0.188)	0.001 (1.047)	-0.007 (-0.196)	0.001 (1.052)
Cash	-0.173** (-2.287)	0.001 (0.806)	-0.172** (-2.272)	0.001 (0.798)
Rec	0.344*** (3.291)	-0.020*** (-4.246)	0.344*** (3.257)	-0.020*** (-4.233)
Inv	-0.136*** (-2.928)	-0.011*** (-5.333)	-0.135*** (-2.942)	-0.011*** (-5.333)
Roe	-3.916*** (-10.587)	0.005 (0.285)	-3.925*** (-10.559)	0.005 (0.290)
ST	0.998** (2.457)	-0.047 (-1.308)	1.000** (2.472)	-0.047 (-1.307)
Soe	-0.537** (-2.062)	0.008 (1.348)	-0.538** (-2.069)	0.008 (1.346)

续表

变量名称	基于“本所同事”的压力指标 *APres_IN*		基于“行业同仁”的压力指标 *APres_IN*	
	MAO	*ARA*	*MAO*	*ARA*
Dual	0.089 (0.946)	-0.001 (-0.412)	0.090 (0.957)	-0.001 (-0.417)
Cost	2.826*** (5.031)	-0.052* (-1.807)	2.814*** (5.015)	-0.052* (-1.798)
Supv	0.083 (0.853)	-0.001 (-0.993)	0.083 (0.854)	-0.001 (-0.990)
List	0.045*** (3.443)	0.001*** (2.964)	0.045*** (3.443)	0.001*** (2.967)
Big4	-11.779*** (-8.017)	0.023 (0.802)	-11.794*** (-8.000)	0.023 (0.815)
FTen	-0.012 (-1.164)	0.000 (0.802)	-0.012 (-1.173)	0.000 (0.803)
Loc	-0.071 (-0.383)	0.002 (0.631)	-0.066 (-0.359)	0.002 (0.622)
FChg	0.028 (0.324)	0.003 (0.903)	0.030 (0.345)	0.003 (0.914)
FNum	0.000 (0.778)	-0.000 (-0.672)	0.001 (1.020)	-0.000 (-0.850)
FImp	2.551 (0.799)	-0.064 (-0.824)	2.543 (0.802)	-0.064 (-0.823)
APTen	-0.003 (-0.135)	-0.000 (-0.100)	-0.003 (-0.122)	-0.000 (-0.094)
LagMAO	3.457*** (25.260)	-0.408*** (-17.108)	3.456*** (25.239)	-0.408*** (-17.082)

续表

变量名称	基于"本所同事"的压力指标 APres_IN		基于"行业同仁"的压力指标 APres_IN	
	MAO	ARA	MAO	ARA
APE	-0.002 (-0.044)	0.000 (0.023)	-0.001 (-0.029)	0.000 (0.038)
APGen	0.195*** (3.649)	-0.003** (-2.213)	0.193*** (3.580)	-0.003** (-2.150)
APAge	0.006 (0.660)	-0.000 (-1.064)	0.006 (0.640)	-0.000 (-1.070)
Market	-0.033** (-2.444)	0.001* (1.657)	-0.033** (-2.500)	0.001* (1.660)
截距项	-2.866 (-0.965)	0.349*** (8.860)	-2.861 (-0.961)	0.349*** (8.869)
事务所	控制	控制	控制	控制
年度	控制	控制	控制	控制
行业	控制	控制	控制	控制
伪 R^2/调整 R^2	0.463	0.214	0.463	0.214
样本量	22477	22477	22477	22477

注：***、**和*分别表示在1%、5%和10%的水平上显著。

表4-11列示了会计师事务所行业专长的调节效应的回归结果，结果显示：基于"行业同仁"的工作压力指标 APres_IN 作为审计师工作压力测度指标，以审计报告意见（MAO）作为审计意见决策的度量指标，审计师工作压力与会计师事务所组织支持机制交乘项 APres×AFirm_hq、APres×AFirm_exp 的回归系数均在5%的水平显著为正；以审计报告激进度（ARA）作为审计意见决策的度量指标，交乘项 APres×AFirm_hq、APres×AFirm_exp 的回归系数至少在5%的水平显著为负。这说明在会计师事务所

组织支持机制视角下，具备行业专长的会计师事务所，能够发挥经验专长优势，促进组织支持机制的积极效应生成，缓解审计师工作压力对审计意见决策的负面影响，支持本章假设 4－2b。

表 4－11　　会计师事务所行业专长的调节效应

变量名称	基于“本所同事”的压力指标 *APres_AF*		基于“行业同仁”的压力指标 *APres_IN*	
	MAO	*ARA*	*MAO*	*ARA*
APres	－0.264*** (－3.170)	0.005*** (3.303)	－0.363*** (－3.707)	0.006*** (3.591)
AFirm_exp	－0.546*** (－3.374)	0.011*** (2.760)	－0.532*** (－3.255)	0.011*** (2.886)
APres×AFirm_exp	0.332** (2.220)	－0.007** (－2.480)	0.404** (2.421)	－0.008*** (－2.842)
Size	－0.137 (－1.005)	－0.017*** (－11.128)	－0.137 (－1.012)	－0.017*** (－11.202)
Debt	1.996*** (4.614)	0.067*** (3.799)	1.991*** (4.605)	0.067*** (3.799)
Liqt	－0.006 (－0.169)	0.001 (1.021)	－0.006 (－0.182)	0.001 (1.025)
Cash	－0.173** (－2.296)	0.001 (0.791)	－0.172** (－2.279)	0.001 (0.792)
Rec	0.345*** (3.121)	－0.020*** (－4.211)	0.345*** (3.094)	－0.020*** (－4.200)
Inv	－0.129*** (－2.882)	－0.012*** (－5.383)	－0.129*** (－2.922)	－0.012*** (－5.387)
Roe	－3.924*** (－10.416)	0.005 (0.309)	－3.928*** (－10.413)	0.005 (0.310)

续表

变量名称	基于“本所同事”的压力指标 APres_AF		基于“行业同仁”的压力指标 APres_IN	
	MAO	ARA	MAO	ARA
ST	0.993** (2.478)	-0.047 (-1.303)	0.997** (2.506)	-0.047 (-1.305)
Soe	-0.541** (-2.100)	0.008 (1.337)	-0.543** (-2.106)	0.008 (1.336)
Dual	0.082 (0.864)	-0.001 (-0.351)	0.082 (0.878)	-0.001 (-0.364)
Cost	2.805*** (4.954)	-0.051* (-1.787)	2.811*** (4.948)	-0.052* (-1.787)
Supv	0.071 (0.759)	-0.001 (-0.970)	0.072 (0.769)	-0.001 (-0.967)
List	0.044*** (3.343)	0.001*** (2.969)	0.044*** (3.357)	0.001*** (2.970)
Big4	-11.782*** (-8.069)	0.023 (0.804)	-11.801*** (-8.054)	0.023 (0.822)
FTen	-0.011 (-1.011)	0.000 (0.783)	-0.011 (-0.989)	0.000 (0.776)
Loc	-0.079 (-0.438)	0.002 (0.632)	-0.077 (-0.420)	0.002 (0.628)
FChg	0.026 (0.290)	0.003 (0.914)	0.026 (0.294)	0.003 (0.943)
FNum	0.001 (0.908)	-0.000 (-0.744)	0.001 (1.056)	-0.000 (-0.815)
FImp	2.956 (0.938)	-0.069 (-0.900)	2.899 (0.921)	-0.069 (-0.893)

续表

变量名称	基于“本所同事”的压力指标 APres_AF		基于“行业同仁”的压力指标 APres_IN	
	MAO	*ARA*	*MAO*	*ARA*
APTen	-0.006 (-0.279)	-0.000 (-0.111)	-0.006 (-0.281)	-0.000 (-0.091)
LagMAO	3.446*** (25.135)	-0.408*** (-17.074)	3.446*** (25.256)	-0.408*** (-17.073)
APE	0.002 (0.038)	0.000 (0.025)	0.004 (0.080)	0.000 (0.002)
APGen	0.196*** (3.385)	-0.002** (-2.024)	0.196*** (3.380)	-0.002** (-2.013)
APAge	0.007 (0.655)	-0.000 (-1.037)	0.007 (0.664)	-0.000 (-1.052)
Market	-0.033** (-2.540)	0.001 (1.613)	-0.033** (-2.575)	0.001 (1.624)
截距项	-2.635 (-0.881)	0.346*** (8.539)	-2.663 (-0.884)	0.347*** (8.615)
事务所	控制	控制	控制	控制
年度	控制	控制	控制	控制
行业	控制	控制	控制	控制
伪 R^2/调整 R^2	0.462	0.214	0.462	0.214
样本量	22477	22477	22477	22477

注：***、** 和 * 分别表示在 1%、5% 和 10% 的水平上显著。

表 4-12 报告了会计师事务所质控机制的调节效应的回归结果，结果显示：基于“本所同事”的工作压力指标 *APres_AF* 作为审计师工作压力测度指标，以审计报告意见（*MAO*）作为审计意见决策的度量指标，审计师工作压力与事务所质控机制

的交乘项 $APres \times AFirm\_qc$ 的系数在1%的水平显著为负；以审计报告激进度（*ARA*）作为审计意见决策的度量指标，交乘项 $APres \times AFirm\_qc$ 的系数在1%水平显著为正；同样，基于“行业同仁”的工作压力指标 $APres\_IN$ 的结论也是类似的。这说明会计师事务所在严格把控事务所执业质量的同时，却加重了审计师个体工作压力的感知，加剧了审计师工作压力对审计意见决策的负面影响，支持假设4-2c。

表4-12　　会计师事务所质控机制的调节效应

变量名称	基于“本所同事”的压力指标 *APres_AF*		基于“行业同仁”的压力指标 *APres_IN*	
	MAO	*ARA*	*MAO*	*ARA*
APres	-0.064 (-1.075)	0.001 (0.450)	-0.107 (-1.383)	0.001 (0.575)
AFirm_qc	1.344*** (8.349)	-0.034*** (-11.977)	1.304*** (7.935)	-0.033*** (-10.222)
APres × AFirm_qc	-0.335*** (-2.622)	0.011*** (6.442)	-0.427*** (-2.638)	0.014*** (6.558)
Size	-0.136 (-1.016)	-0.016*** (-11.029)	-0.137 (-1.030)	-0.016*** (-11.086)
Debt	1.988*** (4.527)	0.067*** (3.798)	1.979*** (4.504)	0.067*** (3.792)
Liqt	-0.009 (-0.272)	0.001 (1.069)	-0.010 (-0.293)	0.001 (1.079)
Cash	-0.176** (-2.432)	0.001 (0.927)	-0.176** (-2.422)	0.001 (0.928)
Rec	0.358*** (3.171)	-0.020*** (-4.262)	0.359*** (3.207)	-0.020*** (-4.248)

续表

变量名称	基于“本所同事”的压力指标 APres_AF		基于“行业同仁”的压力指标 APres_IN	
	MAO	ARA	MAO	ARA
Inv	-0.135*** (-2.861)	-0.011*** (-5.300)	-0.136*** (-2.920)	-0.011*** (-5.314)
Roe	-3.928*** (-10.519)	0.004 (0.270)	-3.936*** (-10.536)	0.004 (0.268)
ST	0.996** (2.453)	-0.047 (-1.300)	1.001** (2.466)	-0.047 (-1.299)
Soe	-0.570** (-2.184)	0.008 (1.398)	-0.572** (-2.188)	0.009 (1.403)
Dual	0.099 (1.098)	-0.001 (-0.449)	0.100 (1.112)	-0.001 (-0.430)
Cost	2.856*** (5.106)	-0.052* (-1.787)	2.852*** (5.093)	-0.052* (-1.786)
Supv	0.054 (0.572)	-0.001 (-0.754)	0.055 (0.580)	-0.001 (-0.753)
List	0.046*** (3.522)	0.001*** (2.947)	0.047*** (3.546)	0.001*** (2.956)
Big4	-10.594*** (-8.247)	0.017 (0.701)	-10.566*** (-8.323)	0.017 (0.688)
FTen	-0.014 (-1.250)	0.000 (0.793)	-0.014 (-1.263)	0.000 (0.794)
Loc	-0.055 (-0.321)	0.002 (0.619)	-0.051 (-0.295)	0.002 (0.606)
FChg	0.010 (0.116)	0.003 (0.892)	0.011 (0.133)	0.003 (0.925)

续表

变量名称	基于“本所同事”的压力指标 APres_AF		基于“行业同仁”的压力指标 APres_IN	
	MAO	ARA	MAO	ARA
FNum	-0.000 (-0.548)	0.000 (0.634)	-0.000 (-0.135)	0.000 (0.153)
FImp	3.037 (1.027)	-0.073 (-0.964)	2.970 (1.010)	-0.073 (-0.964)
APTen	-0.005 (-0.204)	-0.000 (-0.087)	-0.005 (-0.192)	-0.000 (-0.084)
LagMAO	3.458*** (25.718)	-0.407*** (-17.105)	3.455*** (25.583)	-0.407*** (-17.102)
APE	0.005 (0.111)	-0.000 (-0.110)	0.007 (0.143)	-0.000 (-0.122)
APGen	0.181*** (3.137)	-0.002** (-2.115)	0.180*** (3.079)	-0.002** (-2.067)
APAge	0.007 (0.784)	-0.000 (-1.140)	0.007 (0.761)	-0.000 (-1.150)
Market	-0.034*** (-2.782)	0.001* (1.681)	-0.034*** (-2.801)	0.001* (1.681)
截距项	-3.477 (-1.169)	0.362*** (9.463)	-3.460 (-1.159)	0.362*** (9.419)
事务所	控制	控制	控制	控制
年度	控制	控制	控制	控制
行业	控制	控制	控制	控制
伪 R^2/调整 R^2	0.468	0.215	0.468	0.215
样本量	22477	22477	22477	22477

注：***、** 和 * 分别表示在 1%、5% 和 10% 的水平上显著。

4.4 稳健性分析

4.4.1 考虑审计师工作压力的替代测试

根据前述，本章分别以“本所同事”和“行业同仁”作为参照对象，将审计师 j 第 t 年的工作量分别除以审计师 j 所属会计师事务所第 t 年的平均工作量或者同行业所审计师的平均工作量，取两位审计师工作压力均值得到审计师工作压力的相对指标。进一步，本章分别取审计师 j 第 t 年的工作量减去审计师 j 所属会计师事务所第 t 年的平均工作量或者同行业所审计师的平均工作量的差额，得到审计师工作压力的替代测度 *APres_AF* 和 *APres_IN*。表 4－13 至表 4－16 列示了考虑审计师工作压力指标的替代测度的分析结果。

表 4－13　　考虑审计师工作压力指标的替代测度（假设 4－1）

变量名称	基于“本所同事”的压力指标 *APres_AF*		基于“行业同仁”的压力指标 *APres_IN*	
	MAO	*ARA*	*MAO*	*ARA*
APres	－0.004 *** （－2.765）	0.000 *** （2.813）	－0.004 *** （－3.064）	0.000 *** （2.901）
Size	－0.134 （－0.997）	－0.016 *** （－11.227）	－0.134 （－1.006）	－0.016 *** （－11.231）
Debt	1.963 *** （4.488）	0.067 *** （3.797）	1.961 *** （4.482）	0.067 *** （3.797）

续表

变量名称	基于"本所同事"的压力指标 *APres_AF*		基于"行业同仁"的压力指标 *APres_IN*	
	MAO	*ARA*	*MAO*	*ARA*
Liqt	-0.008 (-0.230)	0.001 (1.051)	-0.008 (-0.231)	0.001 (1.050)
Cash	-0.173** (-2.310)	0.001 (0.815)	-0.173** (-2.307)	0.001 (0.815)
Rec	0.349*** (3.204)	-0.020*** (-4.226)	0.350*** (3.191)	-0.020*** (-4.222)
Inv	-0.131*** (-2.916)	-0.011*** (-5.348)	-0.130*** (-2.907)	-0.011*** (-5.352)
Roe	-3.926*** (-10.606)	0.005 (0.300)	-3.930*** (-10.601)	0.005 (0.302)
ST	0.997** (2.475)	-0.047 (-1.305)	0.997** (2.482)	-0.047 (-1.305)
Soe	-0.534** (-2.066)	0.008 (1.335)	-0.537** (-2.074)	0.008 (1.337)
Dual	0.086 (0.910)	-0.001 (-0.395)	0.086 (0.908)	-0.001 (-0.395)
Cost	2.814*** (4.987)	-0.052* (-1.793)	2.810*** (4.972)	-0.052* (-1.790)
Supv	0.077 (0.823)	-0.001 (-1.003)	0.078 (0.828)	-0.001 (-1.004)
List	0.045*** (3.430)	0.001*** (2.974)	0.045*** (3.441)	0.001*** (2.977)
Big4	-11.799*** (-8.095)	0.023 (0.802)	-11.803*** (-8.077)	0.023 (0.811)

续表

变量名称	基于“本所同事”的压力指标 APres_AF		基于“行业同仁”的压力指标 APres_IN	
	MAO	ARA	MAO	ARA
FTen	-0.012 (-1.132)	0.000 (0.798)	-0.012 (-1.130)	0.000 (0.794)
Loc	-0.069 (-0.377)	0.002 (0.620)	-0.068 (-0.374)	0.002 (0.619)
FChg	0.023 (0.268)	0.003 (0.931)	0.024 (0.274)	0.003 (0.933)
FNum	0.001 (0.878)	-0.000 (-0.700)	0.001 (1.048)	-0.000 (-0.829)
FImp	2.892 (0.919)	-0.069 (-0.900)	2.860 (0.909)	-0.069 (-0.893)
APTen	-0.005 (-0.203)	-0.000 (-0.088)	-0.005 (-0.201)	-0.000 (-0.086)
LagMAO	3.448*** (25.021)	-0.408*** (-17.061)	3.448*** (25.080)	-0.408*** (-17.059)
APE	0.001 (0.011)	-0.000 (-0.033)	0.003 (0.061)	-0.000 (-0.058)
APGen	0.193*** (3.343)	-0.002** (-2.053)	0.193*** (3.342)	-0.002** (-2.056)
APAge	0.006 (0.657)	-0.000 (-1.027)	0.006 (0.649)	-0.000 (-1.029)
Market	-0.033** (-2.565)	0.001* (1.649)	-0.033** (-2.569)	0.001 (1.645)
截距项	-2.949 (-0.980)	0.352*** (8.885)	-3.032 (-1.001)	0.354*** (8.909)

续表

变量名称	基于“本所同事”的压力指标 APres_AF		基于“行业同仁”的压力指标 APres_IN	
	MAO	ARA	MAO	ARA
事务所	控制	控制	控制	控制
年度	控制	控制	控制	控制
行业	控制	控制	控制	控制
伪 R^2/调整 R^2	0.462	0.214	0.462	0.214
样本量	22477	22477	22477	22477

注：***、**和*分别表示在1%、5%和10%的水平上显著。

表4-14　考虑审计师工作压力指标的替代测度（假设4-2a）

变量名称	基于“本所同事”的压力指标 APres_AF		基于“行业同仁”的压力指标 APres_IN	
	MAO	ARA	MAO	ARA
APres	-0.005*** (-3.004)	0.000*** (3.117)	-0.005*** (-3.316)	0.000*** (3.230)
AFirm_hq	-0.254 (-0.550)	0.008 (0.744)	0.310 (0.736)	-0.008 (-0.697)
APres×AFirm_hq	0.027*** (2.802)	-0.001** (-2.308)	0.024** (2.543)	-0.001** (-2.165)
Size	-0.128 (-0.961)	-0.017*** (-11.364)	-0.130 (-0.973)	-0.016*** (-11.373)
Debt	1.968*** (4.457)	0.067*** (3.810)	1.965*** (4.467)	0.067*** (3.812)
Liqt	-0.007 (-0.195)	0.001 (1.049)	-0.007 (-0.192)	0.001 (1.047)
Cash	-0.172** (-2.265)	0.001 (0.798)	-0.172** (-2.267)	0.001 (0.795)

续表

变量名称	基于“本所同事”的压力指标 APres_AF		基于“行业同仁”的压力指标 APres_IN	
	MAO	ARA	MAO	ARA
Rec	0.346*** (3.306)	-0.020*** (-4.241)	0.344*** (3.244)	-0.020*** (-4.237)
Inv	-0.136*** (-2.946)	-0.011*** (-5.324)	-0.135*** (-2.938)	-0.011*** (-5.327)
Roe	-3.918*** (-10.574)	0.005 (0.287)	-3.925*** (-10.571)	0.005 (0.290)
ST	0.999** (2.463)	-0.047 (-1.308)	1.000** (2.475)	-0.047 (-1.307)
Soe	-0.535** (-2.061)	0.008 (1.346)	-0.538** (-2.071)	0.008 (1.348)
Dual	0.090 (0.955)	-0.001 (-0.418)	0.090 (0.959)	-0.001 (-0.421)
Cost	2.822*** (5.028)	-0.052* (-1.803)	2.811*** (5.003)	-0.052* (-1.798)
Supv	0.085 (0.865)	-0.001 (-0.996)	0.085 (0.865)	-0.001 (-0.997)
List	0.045*** (3.443)	0.001*** (2.964)	0.045*** (3.444)	0.001*** (2.970)
Big4	-11.785*** (-8.031)	0.023 (0.801)	-11.794*** (-8.002)	0.023 (0.810)
FTen	-0.013 (-1.183)	0.000 (0.812)	-0.012 (-1.171)	0.000 (0.797)
Loc	-0.068 (-0.369)	0.002 (0.629)	-0.066 (-0.360)	0.002 (0.624)
FChg	0.028 (0.329)	0.003 (0.917)	0.029 (0.342)	0.003 (0.909)

续表

变量名称	基于“本所同事”的压力指标 APres_AF		基于“行业同仁”的压力指标 APres_IN	
	MAO	ARA	MAO	ARA
FNum	0.001 (0.847)	-0.000 (-0.728)	0.001 (1.034)	-0.000 (-0.876)
FImp	2.555 (0.800)	-0.064 (-0.828)	2.551 (0.804)	-0.064 (-0.820)
APTen	-0.002 (-0.108)	-0.000 (-0.103)	-0.002 (-0.109)	-0.000 (-0.103)
LagMAO	3.456*** (25.256)	-0.408*** (-17.102)	3.455*** (25.307)	-0.408*** (-17.085)
APE	-0.004 (-0.086)	0.000 (0.042)	-0.001 (-0.031)	0.000 (0.014)
APGen	0.193*** (3.579)	-0.003** (-2.178)	0.194*** (3.579)	-0.003** (-2.162)
APAge	0.006 (0.661)	-0.000 (-1.069)	0.006 (0.636)	-0.000 (-1.072)
Market	-0.033** (-2.464)	0.001* (1.660)	-0.033** (-2.513)	0.001* (1.661)
截距项	-3.048 (-1.018)	0.353*** (8.955)	-3.119 (-1.035)	0.354*** (8.983)
事务所	控制	控制	控制	控制
年度	控制	控制	控制	控制
行业	控制	控制	控制	控制
伪 R^2/调整 R^2	0.463	0.217	0.463	0.217
样本量	22477	22477	22477	22477

注：***、**和*分别表示在1%、5%和10%的水平上显著。

表 4-15　考虑审计师工作压力指标的替代测度（假设 4-2b）

变量名称	基于“本所同事”的压力指标 APres_AF		基于“行业同仁”的压力指标 APres_IN	
	MAO	ARA	MAO	ARA
APres	-0.006*** (-3.136)	0.000*** (3.352)	-0.006*** (-3.597)	0.000*** (3.589)
AFirm_exp	-0.207** (-2.012)	0.004 (1.447)	-0.130 (-1.108)	0.003 (0.889)
APres × AFirm_exp	0.007** (2.148)	-0.000** (-2.445)	0.007** (2.340)	-0.000*** (-2.754)
Size	-0.136 (-1.002)	-0.017*** (-11.198)	-0.136 (-1.004)	-0.017*** (-11.205)
Debt	1.993*** (4.611)	0.067*** (3.800)	1.995*** (4.609)	0.067*** (3.798)
Liqt	-0.006 (-0.185)	0.001 (1.026)	-0.006 (-0.178)	0.001 (1.020)
Cash	-0.173** (-2.281)	0.001 (0.790)	-0.172** (-2.274)	0.001 (0.788)
Rec	0.346*** (3.140)	-0.020*** (-4.213)	0.345*** (3.106)	-0.020*** (-4.205)
Inv	-0.129*** (-2.913)	-0.012*** (-5.373)	-0.130*** (-2.925)	-0.012*** (-5.384)
Roe	-3.924*** (-10.421)	0.005 (0.308)	-3.928*** (-10.409)	0.005 (0.310)
ST	0.997** (2.493)	-0.047 (-1.304)	0.999** (2.511)	-0.047 (-1.306)
Soe	-0.541** (-2.101)	0.008 (1.335)	-0.543** (-2.109)	0.008 (1.337)

续表

变量名称	基于“本所同事”的压力指标 *APres_AF*		基于“行业同仁”的压力指标 *APres_IN*	
	MAO	*ARA*	*MAO*	*ARA*
Dual	0.081 (0.868)	-0.001 (-0.361)	0.082 (0.870)	-0.001 (-0.358)
Cost	2.802 *** (4.939)	-0.052 * (-1.785)	2.806 *** (4.931)	-0.052 * (-1.784)
Supv	0.072 (0.771)	-0.001 (-0.971)	0.073 (0.780)	-0.001 (-0.969)
List	0.044 *** (3.345)	0.001 *** (2.970)	0.044 *** (3.351)	0.001 *** (2.973)
Big4	-11.789 *** (-8.065)	0.023 (0.804)	-11.799 *** (-8.050)	0.023 (0.817)
FTen	-0.011 (-0.998)	0.000 (0.781)	-0.011 (-0.978)	0.000 (0.770)
Loc	-0.077 (-0.421)	0.002 (0.631)	-0.077 (-0.421)	0.002 (0.631)
FChg	0.025 (0.284)	0.003 (0.935)	0.026 (0.295)	0.003 (0.942)
FNum	0.001 (0.968)	-0.000 (-0.784)	0.001 (1.074)	-0.000 (-0.843)
FImp	2.944 (0.934)	-0.069 (-0.897)	2.901 (0.921)	-0.069 (-0.889)
APTen	-0.006 (-0.262)	-0.000 (-0.106)	-0.006 (-0.268)	-0.000 (-0.098)
LagMAO	3.447 *** (25.206)	-0.408 *** (-17.070)	3.446 *** (25.302)	-0.408 *** (-17.074)
APE	0.000 (0.006)	0.000 (0.027)	0.003 (0.048)	0.000 (0.003)

续表

变量名称	基于“本所同事”的压力指标 *APres_AF*		基于“行业同仁”的压力指标 *APres_IN*	
	MAO	*ARA*	*MAO*	*ARA*
APGen	0.196*** (3.362)	-0.002** (-2.017)	0.196*** (3.379)	-0.002** (-2.022)
APAge	0.007 (0.655)	-0.000 (-1.042)	0.007 (0.656)	-0.000 (-1.051)
Market	-0.033** (-2.559)	0.001 (1.622)	-0.033** (-2.573)	0.001 (1.622)
截距项	-2.887 (-0.955)	0.352*** (8.755)	-3.014 (-0.987)	0.354*** (8.828)
事务所	控制	控制	控制	控制
年度	控制	控制	控制	控制
行业	控制	控制	控制	控制
伪 R^2/调整 R^2	0.462	0.214	0.462	0.214
样本量	22477	22477	22477	22477

注：***、**和*分别表示在1%、5%和10%的水平上显著。

表 4-16　　考虑审计师工作压力指标的替代测度
（假设 4-2c）

变量名称	基于“本所同事”的压力指标 *APres_AF*		基于“行业同仁”的压力指标 *APres_IN*	
	MAO	*ARA*	*MAO*	*ARA*
APres	-0.002 (-1.472)	0.000 (0.764)	-0.002 (-1.570)	0.000 (0.753)
AFirm_qc	0.996*** (9.665)	-0.023*** (-9.886)	0.873*** (7.685)	-0.019*** (-7.502)

续表

变量名称	基于“本所同事”的压力指标 APres_AF		基于“行业同仁”的压力指标 APres_IN	
	MAO	ARA	MAO	ARA
APres×AFirm_qc	-0.007*** (-2.681)	0.000*** (9.300)	-0.007** (-2.523)	0.000*** (6.262)
Size	-0.136 (-1.024)	-0.016*** (-11.089)	-0.136 (-1.027)	-0.016*** (-11.088)
Debt	1.986*** (4.513)	0.067*** (3.793)	1.982*** (4.508)	0.067*** (3.793)
Liqt	-0.010 (-0.282)	0.001 (1.074)	-0.010 (-0.288)	0.001 (1.076)
Cash	-0.176** (-2.419)	0.001 (0.919)	-0.176** (-2.419)	0.001 (0.925)
Rec	0.360*** (3.216)	-0.020*** (-4.264)	0.359*** (3.213)	-0.020*** (-4.254)
Inv	-0.136*** (-2.912)	-0.011*** (-5.300)	-0.136*** (-2.921)	-0.011*** (-5.313)
Roe	-3.929*** (-10.521)	0.004 (0.270)	-3.933*** (-10.543)	0.004 (0.268)
ST	0.998** (2.462)	-0.047 (-1.300)	1.002** (2.470)	-0.047 (-1.300)
Soe	-0.570** (-2.186)	0.009 (1.405)	-0.572** (-2.190)	0.009 (1.406)
Dual	0.099 (1.100)	-0.001 (-0.444)	0.099 (1.103)	-0.001 (-0.433)
Cost	2.848*** (5.086)	-0.052* (-1.786)	2.848*** (5.081)	-0.052* (-1.785)

续表

变量名称	基于“本所同事”的压力指标 APres_AF		基于“行业同仁”的压力指标 APres_IN	
	MAO	ARA	MAO	ARA
Supv	0.056 (0.585)	−0.001 (−0.761)	0.057 (0.598)	−0.001 (−0.762)
List	0.046*** (3.527)	0.001*** (2.954)	0.046*** (3.548)	0.001*** (2.962)
Big4	−10.589*** (−8.241)	0.017 (0.692)	−10.574*** (−8.289)	0.017 (0.688)
FTen	−0.014 (−1.247)	0.000 (0.788)	−0.014 (−1.256)	0.000 (0.781)
Loc	−0.052 (−0.301)	0.002 (0.613)	−0.050 (−0.292)	0.002 (0.607)
FChg	0.012 (0.148)	0.003 (0.898)	0.011 (0.138)	0.003 (0.920)
FNum	−0.000 (−0.414)	0.000 (0.457)	−0.000 (−0.137)	0.000 (0.116)
FImp	3.025 (1.023)	−0.073 (−0.967)	2.975 (1.011)	−0.073 (−0.965)
APTen	−0.004 (−0.183)	−0.000 (−0.087)	−0.004 (−0.179)	−0.000 (−0.088)
LagMAO	3.456*** (25.585)	−0.407*** (−17.104)	3.454*** (25.607)	−0.407*** (−17.104)
APE	0.004 (0.088)	−0.000 (−0.120)	0.006 (0.125)	−0.000 (−0.135)
APGen	0.179*** (3.093)	−0.002** (−2.088)	0.180*** (3.089)	−0.002** (−2.082)

续表

变量名称	基于“本所同事”的压力指标 APres_AF		基于“行业同仁”的压力指标 APres_IN	
	MAO	ARA	MAO	ARA
APAge	0.007 (0.776)	-0.000 (-1.145)	0.007 (0.756)	-0.000 (-1.151)
Market	-0.034*** (-2.789)	0.001* (1.682)	-0.034*** (-2.802)	0.001* (1.681)
截距项	-3.509 (-1.183)	0.362*** (9.488)	-3.562 (-1.191)	0.363*** (9.478)
事务所	控制	控制	控制	控制
年度	控制	控制	控制	控制
行业	控制	控制	控制	控制
伪 R^2/调整 R^2	0.468	0.215	0.468	0.215
样本量	22477	22477	22477	22477

注：***、** 和 * 分别表示在1%、5%和10%的水平上显著。

首先，针对假设4-1，表4-13的结果显示：基于“本所同事”的工作压力指标 *APres_AF* 作为审计师工作压力测度指标，以审计报告意见（*MAO*）作为审计意见决策的度量指标，*APres* 的回归系数在1%的水平显著为负；以审计报告激进度（*ARA*）作为审计意见决策的度量指标，*APres* 的回归系数在1%的水平显著为正；同样，基于“行业同仁”的工作压力指标 *APres_IN* 的结论也是类似的，支持本章假设4-1。

其次，针对假设4-2，如表4-14至表4-16结果所示：基于“本所同事”的工作压力指标 *APres_AF* 作为审计师工作压力测度指标，以审计报告意见（*MAO*）作为审计意见决策的度量指标，审计师工作压力与会计师事务所组织支持机制交乘项

$APres \times AFirm\_hq$、$APres \times AFirm\_exp$ 的回归系数至少在 5% 的水平显著为正，$APres \times AFirm\_qc$ 的回归系数在 1% 的水平显著为负；以审计报告激进度（ARA）作为审计意见决策的度量指标，交乘项 $APres \times AFirm\_hq$、$APres \times AFirm\_exp$ 的回归系数均在 5% 的水平显著为负，$APres \times AFirm\_qc$ 的回归系数在 1% 的水平显著为正。同样，基于“行业同仁”的工作压力指标 $APres\_IN$ 的结论也是类似的，支持本章假设 4－2a、4－2b 及 4－2c。

除上述外，本章还分别以“本所同事”和“行业同仁”作为参照对象，计算审计师工作压力的相对指标（比值），取两位审计师工作压力指标的较大者作为审计师工作压力指标的替代测度；计算审计师工作压力的绝对指标（差额），取两位审计师工作压力的指标较大者作为工作压力指标的替代测度，分别将其带入模型并重新检验，限于篇幅，实证结果未予列示，但研究结论均与前文保持一致。

4.4.2 考虑内生性问题

本书研究可能存在两种原因导致的内生性问题：一是遗漏变量，尽管我们在研究模型中尽可能控制了公司层面、审计师层面及事务所层面可能影响审计意见决策的因素，但仍无法尽数囊括，可能存在其他潜在的遗漏变量；二是样本自选择，审计师工作压力可能受公司本身资产质量、业务复杂度及风险程度的影响，也可能因事务所和管理层施加的审计意见压力影响审计师工作量。为了缓解上述两类问题；本章进行如下步骤的测试：

（1）构建 Heckman 两阶段模型。第一阶段构建审计意见的选择模型，若基于“本所同事”和“行业同仁”的审计师工作压力指标均大于 1，*Press* 取值为 1，将 *Press* 哑变量作为被解释

变量进行 *Probit* 回归，计算逆米尔斯比率 *IMR*；然后将 *IMR* 带入原模型重新进行回归。表4－17列示了考虑样本自选择问题的回归结果，结果所示：基于“本所同事”的工作压力指标 *APres_AF* 作为审计师工作压力测度指标，审计师工作压力均降低了出具非标意见的概率，提高了审计意见激进度，结论与前述一致。同样，基于“行业同仁”的工作压力指标 *APres_IN* 的结论也是类似的，说明本章研究结论稳健。

表4－17　Heckman两阶段

变量名称	基于“本所同事”的压力指标 *APres_AF*		基于“行业同仁”的压力指标 *APres_IN*	
	MAO	*ARA*	*MAO*	*ARA*
APres	－0.175*** (－2.818)	0.003*** (2.867)	－0.242*** (－3.216)	0.004*** (2.956)
IMR	1.489 (1.285)	－0.050** (－1.966)	1.590 (1.388)	－0.052** (－2.052)
Size	－0.330 (－1.240)	－0.010** (－2.501)	－0.344 (－1.309)	－0.010** (－2.446)
Debt	1.910*** (4.641)	0.069*** (3.998)	1.899*** (4.604)	0.069*** (4.001)
Liqt	－0.008 (－0.232)	0.001 (1.029)	－0.009 (－0.249)	0.001 (1.032)
Cash	－0.165** (－2.148)	0.000 (0.460)	－0.164** (－2.131)	0.000 (0.446)
Rec	0.324*** (2.897)	－0.019*** (－4.081)	0.325*** (2.887)	－0.019*** (－4.063)
Inv	－0.133*** (－3.001)	－0.011*** (－5.295)	－0.134*** (－3.026)	－0.011*** (－5.289)

续表

变量名称	基于“本所同事”的压力指标 APres_AF		基于“行业同仁”的压力指标 APres_IN	
	MAO	ARA	MAO	ARA
Roe	-3.920*** (-10.537)	0.005 (0.303)	-3.925*** (-10.531)	0.005 (0.306)
ST	0.922** (2.033)	-0.045 (-1.204)	0.920** (2.038)	-0.045 (-1.203)
Soe	-0.709*** (-3.387)	0.014*** (2.664)	-0.722*** (-3.452)	0.014*** (2.722)
Dual	0.082 (0.863)	-0.000 (-0.248)	0.083 (0.871)	-0.000 (-0.254)
Cost	2.654*** (4.660)	-0.047* (-1.664)	2.641*** (4.632)	-0.046* (-1.656)
Supv	0.108 (1.078)	-0.002 (-1.564)	0.110 (1.104)	-0.002 (-1.591)
List	0.032 (1.644)	0.002*** (3.041)	0.032 (1.618)	0.002*** (3.078)
Big4	-17.312*** (-4.810)	0.206** (2.104)	-17.692*** (-4.990)	0.214** (2.199)
FTen	0.007 (0.367)	-0.000 (-0.729)	0.008 (0.431)	-0.000 (-0.787)
Loc	-0.123 (-0.565)	0.004 (0.898)	-0.124 (-0.568)	0.004 (0.911)
FChg	0.084 (0.837)	0.000 (0.167)	0.088 (0.882)	0.000 (0.152)
FNum	0.002* (1.733)	-0.000** (-1.993)	0.003** (1.997)	-0.000** (-2.147)

续表

变量名称	基于“本所同事”的压力指标 APres_AF		基于“行业同仁”的压力指标 APres_IN	
	MAO	ARA	MAO	ARA
FImp	1.336 (0.391)	-0.020 (-0.232)	1.190 (0.349)	-0.017 (-0.202)
APTen	-0.012 (-0.561)	0.000 (0.243)	-0.012 (-0.570)	0.000 (0.266)
LagMAO	3.394*** (27.956)	-0.406*** (-17.377)	3.391*** (27.778)	-0.406*** (-17.367)
APE	0.335 (1.229)	-0.011* (-1.850)	0.359 (1.345)	-0.011* (-1.953)
APGen	0.313*** (4.108)	-0.006*** (-4.118)	0.321*** (4.316)	-0.007*** (-4.268)
APAge	0.003 (0.331)	-0.000 (-0.571)	0.003 (0.305)	-0.000 (-0.558)
Market	-0.022 (-1.137)	0.000 (0.419)	-0.021 (-1.109)	0.000 (0.386)
截距项	-7.085*** (-3.186)	0.489*** (7.124)	-7.385*** (-3.313)	0.495*** (7.228)
事务所	控制	控制	控制	控制
年度	控制	控制	控制	控制
行业	控制	控制	控制	控制
伪 R^2/调整 R^2	0.462	0.217	0.462	0.217
样本量	22477	22477	22477	22477

注：***、** 和 * 分别表示在 1%、5% 和 10% 的水平上显著。

（2）采用工具变量法予以检验。首先，本章选取以签字审计师所归属会计师事务的人力资源结构（*Firm_HR*）、审计师团队的贡献率（*Team_HHI*）以及审计师非审计业务收入（*Aud_OtherEarn*）作为工具变量。其中，*Firm_HR* 采用事务所的注册会计师人数与当年签字审计师人数的比值测度，*Team_HHI* 采用赫芬达尔指数原理计算事务所中各审计师团队占事务所总体审计客户资产百分比的平方和测度，*Aud_OtherEarn* 采用中注协公布的事务所百强名单中非审计业务收入总额与事务所审计师数量比值测度。表 4－18 报告了工具变量法的回归结果：①第一阶段回归结果中，会计师事务的人力资源结构（*Firm_HR*）、审计师团队的业务集中度（*Team_HHI*）以及审计师非审计业务收入（*Aud_OtherEarn*）均与审计师工作压力（*APres*）具有显著正相关，符合相关性要求。②在第二阶段回归结果中，两阶段最小二乘法（2*SLS*）回归结果显示：基于“本所同事”的工作压力指标 *APres_AF* 作为审计师工作压力测度指标，审计师工作压力均显著降低了出具非标意见的概率，提高了审计意见激进度；同样，基于“行业同仁”的工作压力指标 *APres_IN* 的结论也是类似的。③关于工具变量有效性检验表明，*Kleibergen-Paap rk LM* 统计量 *P* 值均为 0.000，工具变量识别不足检验显著拒绝原假设，说明不存在识别不足问题，即所选工具变量与内生解释变量相关；*Kleibergen-Paap rk Wald* 统计量均大于 *Stock-Yogo* 的弱工具变量检验临界值，拒绝了弱工具变量假设，说明工具变量选取较为合理；*Hansen J* 统计量的结果表明，工具变量也不存在过度识别问题，综合上述，说明本章工具变量的选取合理，研究结论稳健。

表 4-18 工具变量法

变量名称	一阶段	二阶段（2SLS）			
		基于"本所同事"的压力指标 *APres_AF*		基于"行业同仁"的压力指标 *APres_IN*	
	AP	*MAO*	*ARA*	*MAO*	*ARA*
APres		-0.001* (-1.732)	0.001* (1.886)	-0.001* (-1.944)	0.001** (2.084)
Firm_HR	0.740*** (4.307)				
Team_HHI	0.599*** (6.247)				
Aud_Other Earn	0.222*** (3.681)				
Size	-0.243*** (-17.152)	-0.009** (-2.089)	-0.010** (-2.492)	-0.009** (-2.313)	-0.010** (-2.521)
Debt	-0.053 (-0.754)	0.078*** (7.420)	0.065*** (6.678)	0.078*** (7.401)	0.066*** (6.701)
Liqt	0.001 (0.202)	0.001** (2.023)	0.001 (1.294)	0.001** (2.025)	0.001 (1.283)
Cash	0.011 (0.871)	0.005*** (3.220)	0.001 (0.403)	0.005*** (3.224)	0.001 (0.390)
Rec	-0.024 (-0.502)	0.005 (0.692)	-0.021*** (-3.111)	0.005 (0.697)	-0.021*** (-3.108)
Inv	-0.002 (-0.121)	-0.007** (-2.377)	-0.011*** (-3.700)	-0.007** (-2.354)	-0.011*** (-3.718)
Roe	-0.000 (-0.002)	-0.319*** (-16.563)	0.002 (0.112)	-0.320*** (-16.618)	0.002 (0.144)
ST	-0.074 (-1.271)	0.101*** (6.380)	-0.045*** (-3.126)	0.101*** (6.364)	-0.045*** (-3.111)
Soe	-0.184*** (-7.945)	-0.024*** (-6.180)	0.013*** (3.351)	-0.025*** (-6.325)	0.013*** (3.478)

续表

变量名称	一阶段	二阶段（2SLS）			
		基于“本所同事”的压力指标 *APres_AF*		基于“行业同仁”的压力指标 *APres_IN*	
	AP	*MAO*	*ARA*	*MAO*	*ARA*
Dual	-0.001 (-0.059)	0.002 (0.745)	-0.001 (-0.557)	0.002 (0.754)	-0.001 (-0.564)
Cost	-0.174 (-1.398)	0.170*** (6.738)	-0.050** (-2.112)	0.169*** (6.675)	-0.048** (-2.053)
Supv	0.038* (1.721)	0.002 (0.962)	-0.002 (-1.137)	0.002 (0.975)	-0.002 (-1.141)
List	-0.013*** (-6.461)	0.001** (2.317)	0.002*** (5.086)	0.001** (2.294)	0.002*** (5.176)
Big4	-4.100 (-0.054)	-0.043 (-1.412)	0.023 (0.742)	-0.046 (-1.526)	0.027 (0.857)
FTen	0.020*** (8.046)	-0.000 (-0.689)	-0.000 (-0.289)	-0.000 (-0.594)	-0.000 (-0.378)
Loc	-0.053** (-2.514)	-0.005* (-1.858)	0.003 (1.229)	-0.005* (-1.854)	0.003 (1.221)
FChg	0.085** (2.424)	-0.003 (-0.581)	0.000 (0.071)	-0.003 (-0.574)	0.000 (0.072)
FNum	0.002*** (8.395)	0.000* (1.691)	-0.000 (-1.619)	0.000** (1.964)	-0.000* (-1.940)
FImp	-1.526*** (-3.036)	0.099 (1.577)	-0.046 (-0.767)	0.090 (1.411)	-0.037 (-0.613)
APTen	-0.010** (-2.068)	-0.000 (-0.338)	-0.000 (-0.047)	-0.000 (-0.369)	-0.000 (-0.013)
LagMAO	-0.049 (-0.848)	0.463*** (24.984)	-0.406*** (-23.211)	0.463*** (24.990)	-0.406*** (-23.216)
APE	0.374*** (32.263)	0.009 (1.510)	-0.010* (-1.739)	0.010* (1.711)	-0.011* (-1.929)

续表

变量名称	一阶段	二阶段（2SLS）			
		基于“本所同事”的压力指标 *APres_AF*		基于“行业同仁”的压力指标 *APres_IN*	
	AP	*MAO*	*ARA*	*MAO*	*ARA*
APGen	0.128*** (8.963)	0.007*** (2.711)	-0.006** (-2.417)	0.007*** (2.863)	-0.006** (-2.541)
APAge	-0.004* (-1.764)	0.000 (0.432)	-0.000 (-0.844)	0.000 (0.465)	-0.000 (-0.878)
Market	0.012*** (3.356)	-0.000 (-0.577)	0.000 (1.093)	-0.000 (-0.515)	0.000 (1.030)
截距项	-4.325*** (-11.371)	-0.010 (-0.187)	0.420*** (7.994)	-0.034 (-0.548)	0.444*** (7.554)
事务所	控制	控制	控制	控制	控制
年度	控制	控制	控制	控制	控制
行业	控制	控制	控制	控制	控制
伪 R^2/调整 R^2	0.179	0.350	0.178	0.346	0.173
样本量	22477	22477	22477	22477	22477
工具变量识别不足检验 Kleibergen-Paap rk LM 统计量（*P* 值）		44.173 (0.000)	58.011 (0.000)	44.173 (0.000)	58.011 (0.000)
弱工具变量检验 Kleibergen-Paap rk Wald F 统计量		15.671	19.996	15.671	19.996
工具变量过度识别检验 Hansen J 统计量（*P* 值）		0.945 (0.624)	0.001 (0.999)	0.993 (0.609)	0.036 (0.982)

注：***、** 和 * 分别表示在1%、5%和10%的水平上显著。

4.4.3 其他稳健测试

为保证研究结论可靠性，本章还进行了如下稳健测试：第一，考虑审计行业政策变化，根据 2012 年底完成的证券资格会计师事务所的特殊普通合伙制改革、2017 年新版审计报告模式改革分别设置政策改革哑变量，纳入模型进行分析。第二，考虑到审计师在不同事务所之间的跳槽行为产生的潜在影响，进一步控制了审计师跳槽变量。第三，考虑到客户公司“改聘威胁”对审计意见决策的潜在影响，剔除会计师事务所变更样本。第四，考虑到少数上市公司年报存在三位签字审计师，将这类公司的审计师工作压力采用三人的均值量化。第五，考虑替代性解释，通过设置审计师工作压力变量的二次项，检验审计师工作压力与审计意见决策之间是否存在 U 形关系。经过上述稳健测试，研究结论依然成立，限于篇幅，相关实证结果未予列示。

4.5 拓展分析

4.5.1 审计师团队异质性对工作压力个体感知及影响的调节效应

在审计实务中，审计师团队是事务所内部常见的一种非正式组织单元，一个团队通常包含多位签字审计师，分别负责多个客户项目。借鉴史文等（2019）、廖义刚和黄伟晨（2019）、闫焕民等（2019）的研究方法，本章将审计师团队界定为在同一家会计师事务所内部通过共同签字经历建立起来的互相合作、利益共享、风险共担的审计师成员集合体。具体方法：假定 M 会计师事务所下设 Ⅰ、Ⅱ、Ⅲ 等多个审计师团队，其中团队 Ⅰ 包括 K1、K2、K3、K4 四个年报审计项目，项目签字审计师分别为 A&B、A&D、B&C、D&E，这五位签字审计师之间存在直接或间接的团队合作关系，构成了一个审计师团队。基于此，借鉴淦未宇和徐细雄（2018）、宋子龙和余玉苗（2018）及贺小刚等（2011）研究经验，本章主要从两个方面刻画客户审计师团队异质性对工作压力个体感知及影响的调节效应，具体如下：

（1）团队行业专长。根据审计师团队在客户公司所属行业是否具备行业审计专长，将审计师团队划分为专长型团队和非专长型团队。本章推测，专长型团队具备客户公司所属行业的丰富审计经验与专有知识积累优势，团队成员能够为签字审计师提供更好的智力支持，组织支持机制更佳，从而缓解审计师工作压力感知及其影响。具体计算方法：①分别采用行业市场份额法、行业组合份额法计算审计师团队的行业专长，分别记为 $Team\_mar_{j,k,t}$（公式4－8）、$Team\_es_{j,k,t}$（公式4－9）；②若审计师 j 归属的审计师团队 $Team_j$ 的行业专长指标 $Team\_mar_{j,k,t}$、$Team\_es_{j,k,t}$ 数值均高于样本中值，则视为专长型团队且 $Team\_exp_{j,k,t}=1$，否则视为非专长型团队且 $Team\_exp_{j,k,t}=0$。具体地，在公式（4－8）中，$Team\_mar_{j,k,t}$ 表示第 t 年审计师团队 $Team_j$ 在行业 k 所占市场份额，$Size_{j,k,t,i}$ 表示第 t 年审计师 j 归属的审计师团队 $Team_j$ 在行业 k 审计的公司 i 年末资产，X 表示第 t 年审计师团队 $Team_j$ 在行业 k 审计的客户数量，Y 表示第 t 年在行业 k 中审计师团队数量；类似地在公式（4－9）中，$Team\_es_{j,k,t}$ 表示第 t 年审计师团队 $Team_j$ 在行业 k 的客户业务比重（相对于团队当年审计的所有客户业务量），Z 表示第 t 年审计师团队 $Team_j$ 审计的客户总数，其他指标与公式（4－2）相同。

$$Team\_mar_{j,k,t} = \frac{\sum_{i=1}^{X} Size_{j,k,t,i}}{\sum_{j=1}^{Y}\sum_{i=1}^{X} Size_{j,k,t,i}} \tag{4-8}$$

$$Team\_es_{j,k,t} = \frac{\sum_{i=1}^{X} Size_{j,k,t,i}}{\sum_{i=1}^{Z} Size_{j,t,i}} \quad (4-9)$$

表4-19列示了考虑审计师团队行业专长对工作压力个体感知及影响的调节效应的多元回归结果。结果显示：首先，基于“本所同事”的工作压力指标 *APres_AF* 作为审计师工作压力测度指标，以审计报告意见（*MAO*）作为审计意见决策的度量指标，审计师工作压力与审计师团队行业专长交乘项 *APres* × *Team_exp* 的回归系数在10%的水平显著为正；以审计报告激进度（*ARA*）作为审计意见决策的度量指标，交乘项 *APres* × *Team_exp* 的回归系数在1%的水平显著为负。其次，基于“行业同仁”的工作压力指标 *APres_IN* 作为审计师工作压力测度指标，以审计报告意见（*MAO*）作为审计意见决策的度量指标，审计师工作压力与团队行业专长交乘项 *APres* × *Team_exp* 的回归系数在10%的水平显著为正；以审计报告激进度（*ARA*）作为审计意见决策的度量指标，交乘项 *APres* × *Team_exp* 的回归系数在1%的水平显著为负。

表4-19　　考虑审计师团队行业专长对工作压力个体感知及影响的调节效应

变量名称	基于“本所同事”的压力指标 *APres_AF*		基于“行业同仁”的压力指标 *APres_IN*	
	MAO	*ARA*	*MAO*	*ARA*
APres	-0.275*** (-2.779)	0.007*** (3.691)	-0.345*** (-2.902)	0.008*** (3.414)
Team_exp	-0.755** (-2.093)	0.025*** (3.544)	-0.607** (-2.118)	0.021*** (3.696)

续表

变量名称	基于"本所同事"的压力指标 APres_AF		基于"行业同仁"的压力指标 APres_IN	
	MAO	ARA	MAO	ARA
APres × Team_exp	0.430 * (1.922)	-0.012 *** (-2.686)	0.433 * (1.860)	-0.013 *** (-2.658)
Size	-0.127 (-0.923)	-0.017 *** (-11.201)	-0.130 (-0.968)	-0.017 *** (-11.348)
Debt	1.958 *** (4.472)	0.067 *** (3.774)	1.955 *** (4.477)	0.067 *** (3.769)
Liqt	-0.007 (-0.191)	0.001 (1.015)	-0.007 (-0.193)	0.001 (1.008)
Cash	-0.172 ** (-2.277)	0.001 (0.840)	-0.172 ** (-2.270)	0.001 (0.819)
Rec	0.354 *** (2.908)	-0.020 *** (-4.214)	0.357 *** (2.934)	-0.020 *** (-4.225)
Inv	-0.131 *** (-2.930)	-0.011 *** (-5.350)	-0.133 *** (-2.983)	-0.011 *** (-5.328)
Roe	-3.937 *** (-10.718)	0.005 (0.326)	-3.941 *** (-10.734)	0.005 (0.334)
ST	0.999 ** (2.458)	-0.047 (-1.306)	0.997 ** (2.471)	-0.047 (-1.307)
Soe	-0.537 ** (-2.093)	0.008 (1.357)	-0.536 ** (-2.092)	0.008 (1.349)
Dual	0.083 (0.876)	-0.001 (-0.496)	0.084 (0.897)	-0.001 (-0.507)
Cost	2.799 *** (4.823)	-0.052 * (-1.813)	2.809 *** (4.851)	-0.052 * (-1.811)

续表

变量名称	基于“本所同事”的压力指标 *APres_AF*		基于“行业同仁”的压力指标 *APres_IN*	
	MAO	*ARA*	*MAO*	*ARA*
Supv	0.081 (0.831)	-0.001 (-1.053)	0.080 (0.832)	-0.001 (-1.024)
List	0.044*** (3.405)	0.001*** (3.040)	0.044*** (3.442)	0.001*** (3.073)
Big4	-11.799*** (-8.094)	0.023 (0.815)	-11.827*** (-8.113)	0.024 (0.832)
FTen	-0.011 (-1.068)	0.000 (0.755)	-0.011 (-1.065)	0.000 (0.778)
Loc	-0.075 (-0.417)	0.002 (0.633)	-0.072 (-0.398)	0.002 (0.621)
FChg	-0.001 (-0.011)	0.003 (1.123)	-0.000 (-0.002)	0.003 (1.170)
FNum	0.000 (0.823)	-0.000 (-0.674)	0.001 (1.000)	-0.000 (-0.802)
FImp	3.032 (0.930)	-0.073 (-0.929)	3.180 (0.984)	-0.077 (-0.988)
APTen	-0.006 (-0.263)	0.000 (0.049)	-0.006 (-0.253)	0.000 (0.012)
LagMAO	3.461*** (26.389)	-0.408*** (-17.178)	3.458*** (26.139)	-0.408*** (-17.177)
APE	0.017 (0.350)	-0.001 (-0.955)	0.021 (0.437)	-0.001 (-0.979)
APGen	0.191*** (3.301)	-0.002** (-2.078)	0.191*** (3.243)	-0.002** (-2.066)

续表

变量名称	基于“本所同事”的压力指标 *APres_AF*		基于“行业同仁”的压力指标 *APres_IN*	
	MAO	*ARA*	*MAO*	*ARA*
APAge	0.006 (0.587)	-0.000 (-0.850)	0.006 (0.586)	-0.000 (-0.842)
Market	-0.032** (-2.449)	0.001 (1.628)	-0.033** (-2.501)	0.001* (1.658)
截距项	-3.030 (-0.967)	0.373*** (9.014)	-3.064 (-0.976)	0.374*** (9.066)
事务所	控制	控制	控制	控制
年度	控制	控制	控制	控制
行业	控制	控制	控制	控制
伪 R^2/调整 R^2	0.463	0.214	0.462	0.214
样本量	22477	22477	22477	22477

注：*** 、** 和 * 分别表示在 1% 、5% 和 10% 的水平上显著。

（2）团队权力结构。本章采用赫芬达尔指数原理计算审计师团队的业务集中度（$Team\_cen_{j,t}$），来衡量团队权力结构及团队资源分配情况。本章推测，业务越集中于少数团队成员手中，意味着团队权力集中度越高，团队人力与智力资源分配越不均衡，甚至形成“资源垄断”，这表示团队组织支持机制不佳，不利于缓解团队成员审计师的工作压力及其影响。具体计算方法：①通过公式（4-10）计算审计师团队 $Team_j$ 的业务集中度（$Team\_cen_{j,t}$）；②若审计师团队 $Team_j$ 的业务集中度指标 $Team\_cen_{j,t}$ 数值低于样本中值，则视为分权型团队且 $Team\_cos_{j,t}=1$，否则视为集权型团队且 $Team\_cos_{j,t}=0$。具体地，在公式（4-10）中，$Size_{j,t,i}$ 表示审计师 j 第 t 年审计的公司 i 年末资产，n 表示审计师 j 第 t 年审计的上市公司数量，S 表示第 t 年审计师团队 $Team_j$ 的签字审计师数量。

$$Team\_cen_{j,t} = \sum_{j=1}^{S}\left(\frac{\sum_{i=1}^{n} Size_{j,t,i}}{\sum_{j=1}^{S}\sum_{i=1}^{n} Size_{j,t,i}}\right)^2 \quad (4-10)$$

表 4－20 列示了考虑审计师团队权力结构对工作压力个体感知及影响的调节效应的多元回归结果。结果显示：首先，基于"本所同事"的工作压力指标 *APres_AF* 作为审计师工作压力测度指标，以审计报告意见（*MAO*）作为审计意见决策的度量指标，审计师工作压力与审计师团队权力结构交乘项 *APres* × *Team_cos* 的回归系数在 5% 的水平显著为正；以审计报告激进度（*ARA*）作为审计意见决策的度量指标，交乘项 *APres* × *Team_cos* 的回归系数在 5% 的水平显著为负。其次，基于"行业同仁"的工作压力指标 *APres_IN* 作为审计师工作压力测度指标，以审计报告意见（*MAO*）作为审计意见决策的度量指标，审计师工作压力与团队组织支持机制交乘项 *APres* × *Team_cos* 的回归系数在 5% 的水平显著为正；以审计报告激进度（*ARA*）作为审计意见决策的度量指标，交乘项 *APres* × *Team_cos* 的回归系数在 1% 的水平显著为负。

表 4－20　考虑审计师团队权力结构对工作压力个体感知及影响的调节效应

变量名称	基于"本所同事"的压力指标 *APres_AF*		基于"行业同仁"的压力指标 *APres_IN*	
	MAO	*ARA*	*MAO*	*ARA*
APres	−0.315*** (−6.862)	0.006*** (4.518)	−0.406*** (−7.063)	0.008*** (4.471)
Team_cos	−0.413* (−1.775)	0.009 (1.631)	−0.329 (−1.542)	0.008* (1.665)

续表

变量名称	基于“本所同事”的压力指标 APres_AF		基于“行业同仁”的压力指标 APres_IN	
	MAO	ARA	MAO	ARA
APres × Team_cos	0. 293 ** (2. 355)	-0. 006 ** (-2. 320)	0. 323 ** (2. 139)	-0. 007 *** (-2. 586)
Size	-0. 135 (-0. 997)	-0. 016 *** (-10. 913)	-0. 135 (-1. 001)	-0. 016 *** (-11. 025)
Debt	1. 972 *** (4. 503)	0. 067 *** (3. 799)	1. 961 *** (4. 474)	0. 067 *** (3. 798)
Liqt	-0. 007 (-0. 209)	0. 001 (1. 034)	-0. 008 (-0. 229)	0. 001 (1. 040)
Cash	-0. 176 ** (-2. 333)	0. 001 (0. 822)	-0. 175 ** (-2. 322)	0. 001 (0. 818)
Rec	0. 349 *** (3. 211)	-0. 020 *** (-4. 284)	0. 350 *** (3. 198)	-0. 020 *** (-4. 274)
Inv	-0. 134 *** (-3. 058)	-0. 011 *** (-5. 363)	-0. 132 *** (-3. 006)	-0. 011 *** (-5. 372)
Roe	-3. 928 *** (-10. 526)	0. 005 (0. 303)	-3. 936 *** (-10. 584)	0. 005 (0. 307)
ST	0. 990 ** (2. 426)	-0. 047 (-1. 301)	0. 992 ** (2. 443)	-0. 047 (-1. 303)
Soe	-0. 539 ** (-2. 075)	0. 008 (1. 344)	-0. 538 ** (-2. 071)	0. 008 (1. 340)
Dual	0. 086 (0. 917)	-0. 001 (-0. 389)	0. 087 (0. 926)	-0. 001 (-0. 404)
Cost	2. 829 *** (5. 034)	-0. 052 * (-1. 800)	2. 822 *** (5. 014)	-0. 052 * (-1. 799)
Supv	0. 078 (0. 836)	-0. 001 (-1. 010)	0. 078 (0. 830)	-0. 001 (-1. 015)

续表

变量名称	基于“本所同事”的压力指标 *APres_AF*		基于“行业同仁”的压力指标 *APres_IN*	
	MAO	*ARA*	*MAO*	*ARA*
List	0.044 *** (3.398)	0.001 *** (2.964)	0.045 *** (3.416)	0.001 *** (2.967)
Big4	-11.798 *** (-8.059)	0.023 (0.810)	-11.821 *** (-8.083)	0.024 (0.833)
FTen	-0.011 (-1.074)	0.000 (0.764)	-0.012 (-1.109)	0.000 (0.775)
Loc	-0.068 (-0.372)	0.002 (0.610)	-0.066 (-0.364)	0.002 (0.605)
FChg	0.018 (0.203)	0.002 (0.892)	0.018 (0.199)	0.003 (0.911)
FNum	0.000 (0.770)	-0.000 (-0.637)	0.001 (1.002)	-0.000 (-0.789)
FImp	2.871 (0.916)	-0.069 (-0.904)	2.804 (0.891)	-0.068 (-0.882)
APTen	-0.005 (-0.235)	-0.000 (-0.083)	-0.005 (-0.229)	-0.000 (-0.084)
LagMAO	3.453 *** (24.230)	-0.408 *** (-17.068)	3.450 *** (24.589)	-0.408 *** (-17.075)
APE	0.005 (0.100)	-0.000 (-0.096)	0.007 (0.127)	-0.000 (-0.089)
APGen	0.192 *** (3.334)	-0.002 ** (-2.034)	0.193 *** (3.336)	-0.002 ** (-2.029)
APAge	0.005 (0.547)	-0.000 (-0.905)	0.006 (0.577)	-0.000 (-0.955)
Market	-0.033 ** (-2.570)	0.001 (1.631)	-0.034 *** (-2.643)	0.001 * (1.663)

续表

变量名称	基于"本所同事"的压力指标 *APres_AF*		基于"行业同仁"的压力指标 *APres_IN*	
	MAO	*ARA*	*MAO*	*ARA*
截距项	-2.637 (-0.863)	0.346 *** (8.716)	-2.704 (-0.887)	0.347 *** (8.750)
事务所	控制	控制	控制	控制
年度	控制	控制	控制	控制
行业	控制	控制	控制	控制
伪 R^2/调整 R^2	0.462	0.214	0.462	0.214
样本量	22477	22477	22477	22477

注：***、** 和 * 分别表示在 1%、5% 和 10% 的水平上显著。

综合上述表明在审计师团队组织支持机制视角下，具备行业专长和非集权型的审计师业务团队，能够发挥专有经验聚集效应、均衡人力资源配置，促进组织支持机制的积极效应发挥，缓解审计师工作压力对审计意见决策的负面影响。

4.5.2　审计师个体异质性对工作压力个体感知及影响的调节效应

审计师对工作压力的个体感知及其影响可能"因人而异"。那么，审计师角色差异作为个体异质性的一个主要体现，不同角色的审计师对工作压力的感知及其影响是否不同？通常，在我国上市公司的审计报告中有两位注册会计师签字，依据我国财政部于 2001 年出台的《关于注册会计师在审计报告上签名盖章有关问题的通知》（以下简称《通知》），两位签字审计师中应包含一位项目合伙人和项目负责人，但该《通知》对于审计师项目负责人与项目合伙人的签字顺序并无明确规定。直至财政部于 2017

年发布新版审计准则，明确了公司年报审计报告中签字审计师排名在前者是项目合伙人，排名在后者是项目负责人。为了保证研究数据的准确性，本章采取2017年度与2018年度样本数据，根据审计师签字顺序区分项目合伙人和项目负责人，工作压力指标分别记为 *APres_Aud*1 和 *APres_Aud*2，纳入模型进行回归分析。

表4-21报告了区分审计师个人角色的回归结果，结果显示：基于“本所同事”的工作压力指标 *APres_AF* 作为审计师工作压力测度指标，以审计报告意见（*MAO*）作为审计意见决策的度量指标，*APres_Aud*1 的系数在1%的水平显著为负，*APres_Aud*2 的系数为负但不显著；以审计报告激进度（*ARA*）作为审计意见决策的度量指标，*APres_Aud*1 的系数至少在5%的水平显著为正，*APres_Aud*2 的系数为正但不显著；同样，基于“行业同仁”的工作压力指标 *APres_IN* 的结论也是类似的。这说明相比项目负责人，项目合伙人的工作压力对审计意见决策的影响更为显著。此外，本章还考虑了审计师性别组合、年龄组合是否影响工作压力的个体感知及其结果，但并未发现显著影响，限于篇幅，结果不予列示。

表4-21　　　　区分审计师个人角色

变量名称	基于“本所同事”的压力指标 *APres_AF*		基于“行业同仁”的压力指标 *APres_IN*	
	MAO	*ARA*	*MAO*	*ARA*
*APres_Aud*1	-0.171*** (-8.088)	0.001*** (3.803)	-0.180*** (-4.064)	0.001** (1.995)
*APres_Aud*2	-0.118 (-0.682)	0.004 (0.986)	-0.108 (-0.593)	0.004 (0.948)
Size	0.132 (0.768)	-0.016*** (-18.194)	0.140 (0.848)	-0.016*** (-19.092)

续表

变量名称	基于"本所同事"的压力指标 APres_AF		基于"行业同仁"的压力指标 APres_IN	
	MAO	ARA	MAO	ARA
Debt	1.508*** (2.879)	0.109 (0.000)	1.475*** (2.882)	0.110 (0.000)
Liqt	0.024 (1.215)	0.002*** (2.982)	0.024 (1.157)	0.002*** (2.895)
Cash	-0.242 (-1.369)	0.001 (0.460)	-0.238 (-1.334)	0.001 (0.457)
Rec	0.456 (0.000)	-0.016*** (-3.071)	0.443 (0.000)	-0.016*** (-2.957)
Inv	-0.067 (-0.000)	-0.016*** (-6.774)	-0.065 (-0.000)	-0.016*** (-6.738)
Roe	-4.555*** (-17.330)	0.002 (0.054)	-4.559*** (-16.709)	0.002 (0.054)
ST	1.892** (2.304)	-0.167* (-1.874)	1.901** (2.327)	-0.167* (-1.878)
Soe	-1.668*** (-8.586)	0.037*** (6.791)	-1.663*** (-8.598)	0.037*** (6.855)
Dual	0.082** (2.004)	-0.002 (-0.804)	0.078 (1.572)	-0.002 (-0.791)
Cost	1.716*** (4.453)	-0.008 (-1.594)	1.694*** (4.164)	-0.008 (-1.607)
Supv	-0.022 (-0.190)	0.000 (0.145)	-0.010 (-0.092)	0.000 (0.112)
List	0.061*** (4.151)	0.000 (0.790)	0.060*** (4.075)	0.000 (0.801)

续表

变量名称	基于“本所同事”的压力指标 APres_AF		基于“行业同仁”的压力指标 APres_IN	
	MAO	ARA	MAO	ARA
Big4	0.426 (0.577)	-0.008 (-0.413)	0.388 (0.531)	-0.007 (-0.389)
FTen	-0.026*** (-4.444)	0.001*** (3.596)	-0.025*** (-4.172)	0.001*** (3.572)
Loc	0.209 (0.714)	-0.006 (-0.754)	0.219 (0.769)	-0.006 (-0.800)
FChg	0.238 (0.706)	-0.005 (-0.785)	0.232 (0.725)	-0.005 (-0.791)
FNum	0.001 (1.314)	-0.000 (-1.628)	0.001 (1.444)	-0.000* (-1.673)
FImp	8.901*** (3.292)	-0.352*** (-6.469)	8.646*** (3.273)	-0.347*** (-6.784)
APTen	-0.011 (-0.129)	0.001 (0.385)	-0.009 (-0.108)	0.001 (0.373)
LagMAO	3.240*** (15.648)	-0.329*** (-16.699)	3.245*** (15.641)	-0.329*** (-16.662)
APE	-0.082 (-1.181)	0.002 (0.802)	-0.088 (-1.153)	0.002 (0.801)
APGen	0.326*** (2.864)	-0.006* (-1.699)	0.319*** (2.687)	-0.006* (-1.660)
APAge	0.022 (1.068)	-0.001 (-1.100)	0.022 (1.111)	-0.001 (-1.119)
Market	-0.037*** (-10.036)	0.001*** (9.868)	-0.037*** (-8.816)	0.001*** (9.596)

续表

变量名称	基于“本所同事”的压力指标 APres_AF		基于“行业同仁”的压力指标 APres_IN	
	MAO	*ARA*	*MAO*	*ARA*
截距项	-6.589 (-1.149)	0.306*** (3.752)	-6.763 (-1.195)	0.307*** (3.794)
事务所	控制	控制	控制	控制
年度	控制	控制	控制	控制
行业	控制	控制	控制	控制
伪 R^2/调整 R^2	0.482	0.167	0.482	0.167
样本量	6137	6137	6137	6137

注：***、**和*分别表示在1%、5%和10%的水平上显著。

4.5.3　客户公司异质性对工作压力个体感知及影响的调节效应

研究发现，审计师在对客户的连续审计过程中能够通过持续学习和深入了解，逐渐形成对老客户的相关审计经验，更熟悉公司实际财务状况及其可能存在的重大错报和需要做出的审计调整。那么，在“老客户”业务审计中，现有经验能够帮助审计师准确识别公司可能存在的重大错报、充分收集审计证据，缓解工作压力；那么，审计师在新客户业务审计中，全新的客户公司环境是否会增加审计师工作压力感知？本章将签字审计师初次审计的公司界定为“新客户”且 *New_client* 取值1，否则取0。

表4-22报告了区分客户类型的回归结果，结果显示：基于“本所同事”的工作压力指标 *APres_AF* 作为审计师工作压力测度指标，以审计报告意见（*MAO*）作为审计意见决策的度量指标，审计师工作压力与新客户的交乘项 *APres*×*New_client* 的系数在1%的水平

显著为负；以审计报告激进度（*ARA*）作为审计意见决策的度量指标，交乘项 *APres*×*New_client* 的系数在1%的水平显著为正；同样，基于“行业同仁”的工作压力指标 *APres_IN* 的结论也是类似的。这说明在新客户审计中，特有客户经验的缺乏加剧了审计师个体工作压力的感知，加剧了审计师工作压力对审计意见决策的负面影响。此外，本章还考虑了客户公司风险程度是否影响工作压力的个体感知，但并未发现显著影响，限于篇幅，结果不予列示。

表4-22　　区分客户类型

变量名称	基于“本所同事”的压力指标 *APres_AF*		基于“行业同仁”的压力指标 *APres_IN*	
	MAO	*ARA*	*MAO*	*ARA*
APres	-0.109 (-1.557)	0.002* (1.864)	-0.164** (-2.070)	0.003* (1.952)
New_client	0.692** (2.162)	-0.018* (-1.861)	0.561** (1.994)	-0.017** (-2.054)
APres×*New_client*	-0.593*** (-2.908)	0.014*** (3.534)	-0.698*** (-2.979)	0.018*** (4.457)
Size	-0.131 (-0.960)	-0.016*** (-10.910)	-0.131 (-0.963)	-0.016*** (-10.958)
Debt	1.983*** (4.494)	0.067*** (3.802)	1.975*** (4.449)	0.067*** (3.796)
Liqt	-0.006 (-0.164)	0.001 (1.044)	-0.006 (-0.185)	0.001 (1.048)
Cash	-0.175** (-2.420)	0.001 (0.796)	-0.175** (-2.396)	0.001 (0.814)
Rec	0.345*** (3.023)	-0.020*** (-4.308)	0.347*** (3.052)	-0.020*** (-4.296)

续表

变量名称	基于“本所同事”的压力指标 APres_AF		基于“行业同仁”的压力指标 APres_IN	
	MAO	ARA	MAO	ARA
Inv	-0.134*** (-2.855)	-0.011*** (-5.363)	-0.135*** (-2.876)	-0.011*** (-5.339)
Roe	-3.938*** (-10.350)	0.005 (0.299)	-3.945*** (-10.377)	0.005 (0.303)
ST	0.984** (2.437)	-0.047 (-1.299)	0.991** (2.472)	-0.047 (-1.301)
Soe	-0.535** (-2.055)	0.008 (1.342)	-0.537** (-2.067)	0.008 (1.337)
Dual	0.085 (0.868)	-0.001 (-0.406)	0.084 (0.864)	-0.001 (-0.403)
Cost	2.840*** (5.060)	-0.052* (-1.816)	2.849*** (5.049)	-0.052* (-1.813)
Supv	0.073 (0.775)	-0.001 (-1.002)	0.074 (0.778)	-0.001 (-0.979)
List	0.045*** (3.430)	0.001*** (2.983)	0.045*** (3.473)	0.001*** (2.971)
Big4	-11.778*** (-8.212)	0.022 (0.793)	-11.766*** (-8.156)	0.022 (0.796)
FTen	-0.012 (-1.131)	0.000 (0.789)	-0.013 (-1.180)	0.000 (0.802)
Loc	-0.077 (-0.427)	0.002 (0.616)	-0.072 (-0.399)	0.002 (0.617)
FChg	0.093 (0.518)	0.002 (0.351)	0.090 (0.501)	0.002 (0.365)

续表

变量名称	基于“本所同事”的压力指标 APres_AF		基于“行业同仁”的压力指标 APres_IN	
	MAO	ARA	MAO	ARA
FNum	0.000 (0.736)	-0.000 (-0.670)	0.001 (0.992)	-0.000 (-0.837)
FImp	2.783 (0.854)	-0.069 (-0.898)	2.714 (0.838)	-0.068 (-0.892)
APTen	-0.007 (-0.310)	-0.000 (-0.033)	-0.008 (-0.333)	-0.000 (-0.012)
LagMAO	3.468*** (25.375)	-0.408*** (-17.086)	3.461*** (25.398)	-0.408*** (-17.055)
APE	0.002 (0.048)	-0.000 (-0.095)	0.005 (0.093)	-0.000 (-0.111)
APGen	0.192*** (3.360)	-0.002** (-2.043)	0.191*** (3.343)	-0.002** (-2.040)
APAge	0.006 (0.677)	-0.000 (-0.986)	0.007 (0.698)	-0.000 (-0.994)
Market	-0.032*** (-2.632)	0.001* (1.652)	-0.033*** (-2.656)	0.001* (1.666)
截距项	-2.958 (-0.980)	0.351*** (8.913)	-2.993 (-0.994)	0.352*** (8.910)
事务所	控制	控制	控制	控制
年度	控制	控制	控制	控制
行业	控制	控制	控制	控制
伪 R^2/调整 R^2	0.463	0.214	0.462	0.214
样本量	22477	22477	22477	22477

注：***、** 和 * 分别表示在 1%、5% 和 10% 的水平上显著。

4.6　本章小结

基于组织支持的视角，采用我国上市公司数据，考察审计师工作压力对审计意见决策的影响。研究发现：（1）在公司年报审计“忙季”，相比“本所同事”或“行业同仁”，签字审计师负载的“超额”工作量越大，个体感知的工作压力越大并且导致审计师谨慎度越低，表现为更少出具非标意见，审计报告激进度更高；（2）纳入会计师事务所作为正式组织的支持机制，发现事务所人力资源配置越充沛、事务所具备行业专长优势，事务所组织支持机制更佳并且有效缓解了审计师工作压力感知及其负面影响，但越严格的事务所质控机制加剧了审计师工作压力的负面影响；在考虑内生问题、关键指标量化等一系列稳健测试之后，上述结论依然成立。此外，拓展研究发现，具备专有经验聚集效应、分权型的审计师业务团队能够均衡配置人力资源，有效缓解了审计师工作压力感知及其对审计意见决策的负面影响；审计师个体异质性、客户公司特征等因素也会影响审计师工作压力感知及其后果。

第5章 审计师工作压力与盈余质量的实证研究

5.1 理论分析与假设提出

5.1.1 审计师工作压力与盈余质量

为了厘清审计师工作压力影响客户公司盈余质量的作用机理，本章结合我国审计市场竞争环境及制度背景，分别从时间压力、工作负荷、成本及考核等方面予以展开分析。

其一，时间压力。大量调查研究表明时间压力（包括时限压力和时间预算压力）是影响审计行为的主要因素。具体地，一方面，我国证监会规定所有上市公司应当于4月30号之前披露经审计的财务报告，这意味审计师面临明确的“时限压力”，必须在规定的时间内完成所有的审计工作并出具公允的审计报告。通常，客户公司规模越大、业务复杂度越高时，审计师的工作量也越大、耗时也越长，产生的时限压力也更明显。比如，主板公司中石油与同行业中小板公司东华能源相比，前者审计师承担的工时总量与时限压力相对更大。另一方面，据近五年的初步数据统计，我国审计市场中签字审计师平均每年审计且签字的上市公司数量超过 3 个，其中作为项目合伙人的签字审计师平均签字数量超过 4 个，[①] 这意味着他们面临一定的“时间预算压力”，他们必须根据各个审计项目的特征与实际情况，进行权衡与筹划并合理分配工作时间。通常，同一审计师在同一会计年度同时主审且签字的客户数量越多，可分配到每个项目的工作时间也就越少，时间预算压力也就越大。那么，审计师在规定时限与时间预算的双重压力下，必然会采取相应的“工作控制”措施，包括各个审计项目的工时分配、项目成员安排等，但这些工作控制措施能否奏效取决于时间压力是否在“可控”范围之内。通常，随着时限压力与时间预算压力的增加，越有可能超出审计师个人的“可控”边界，尤其是在审计“忙季”多个项目并行开展的情况下，时间压力更为凸显，他们很难保证每个审计项目都有足够的可支配时间去执行恰当且充分的审计程序，经常不得不采用压缩甚至提前终止审计程序的方法来满足时间要求，这都将直接影响审计证据获取的可靠性与充分性，进而影响审计判断效率。

其二，工作负荷与职业倦怠。在我国，注册会计师审计是公认的工作负荷较大的特殊服务工作，整体的工作满意度偏低。一

① 据本章统计数据显示，签字审计师每年的上市公司客户数量均值约为 3.2 个；其中，作为项目合伙人的签字数量均值约为 4.3 个，项目负责人的签字数量均值约为 2.1 个。

般而言，在年报集中审计“忙季”，审计师个人同时承担的审计项目数量越多、项目复杂度或业务难度越大，工作负荷强度也就越大。针对高强度的工作负荷，审计师及其团队通常采取的“工作控制”措施无外乎是延长工作时间、加班加点，而且经常是持续数月，这无疑会影响审计师的工作效率及效果，比如不合理地压缩审计时间、机械地执行审计程序，导致效率下降。更为重要的是，审计师长期处于紧张的时间压力与高强度工作负荷下，一旦超出了个人的承载范围，便会产生职业倦怠（Job Burn-out），而且工作负荷与压力越大，职业倦怠感越强烈。进一步地，审计师个人的职业倦怠感会导致情感耗竭、极度疲惫，甚至“去人格化”，此类种种表现的潜在后果是：审计师职业谨慎性与审计效率的下降，比如接受值得怀疑的审计证据，较少地采纳耗时且耗力的重新计算或重新执行程序，减少必要的分析程序，从而难以识别客户与同行业者相关信息的不一致波动或者与预期数据严重偏离的异常关系，降低其发现会计差异或错报的能力，增加审计失误的可能，经审计的客户公司盈余质量下降。

其三，审计成本与绩效考核。虽然人们对审计师美其名曰“经济警察”，但事实上却是自负盈亏的、有限理性的“经济人”，这意味着审计师工作必须遵从“成本－收益原则”，也即他们为每个审计项目分配的工作时间、人力及物力等审计支出都是有限制的，既要尽可能保证审计工作质量，更要与审计项目收费标准相匹配。通常，在会计师事务所审计资源总量既定的前提下，审计师负责的审计项目复杂度与难度越大、个人承担的项目数量越多，资源限制及成本控制压力往往越大。继而，在集中审计“忙季”，审计师的成本控制压力与事务所的质量控制要求之间就会产生冲突，压力越大则冲突越剧烈；尤其是伴随着我国审计市场竞争的加剧及事务所以时间预算为基础的绩效考核制度，这种“成本－质量”冲突日益加剧。总之，这种冲突加剧会增加审计师故意“低报时间”甚至违背审计准则等不道德行为发生的可能，进而增加了审计失败的概率。

此外，法律风险与责任。随着经济环境变迁及产业全球化发展，公司业务及财务核算日趋复杂化并导致审计工作难度不断增加，而投资者及社会大众基于契约目的、决策制定与风险规避，对审计师工作的期望随之提高。加之，随着监管法规与政策的日臻完善，会计师事务所与审计师因不恰当审计而承担的法律风险与责任也会日益明确。然而，审计知识与技术革新对审计能力的提升速度却相对缓慢的，这种“期望－能力”落差及其“不平衡”发展，进一步加剧了审计师的工作压力，间接强化了工作压力对经审计的客户公司盈余质量的影响作用。

综上，无论是时间压力与工作负荷、成本控制与绩效考核，还是法律风险与责任，各种压力源是相互交织在一起共同发挥作用的，由此产生的个人工作压力及其可能诱发的职业倦怠情绪会影响审计师的心理活动与行为决策，影响审计程序效率，而且工作压力越大则影响越明显。当然，我们也不否认，当审计师针对“工作需求”实施的“工作控制”完全有效时，工作压力对审计质量的影响可能是有限的抑或有利的，这与“激励理论”相吻合。但综合考虑，提出假设 5－1。

假设 5－1：限定其他条件，相比“本所同事”或“行业同仁”，审计师工作压力越大，客户公司盈余质量越低。

5.1.2　事务所组织支持机制对工作压力个体感知及其影响的调节效应

(1) 事务所组织支持机制之人力资源配置。会计师事务所是一种以提供专业服务从而获取劳动报酬的特殊组织，人力资源尤其重要，人力资源配置能否发挥组织支持作用，这主要取决于人力资源的数量和质量。从数量方面而言，审计师需要在有限的时间内完成审计工作，当审计项目团队获得的人力资源不足时，这很可能会加重因资源和时间限制导致的审计师工作压力感知。从质量方面而言，依据高阶理论，个人的认知水平受限于自身的经验、所受教育水平。置于审计团队中，项目负责人或者项目合伙人对审计事项的判断能力都是有限的。因此，繁杂的审计鉴证工作并不能单由一人完成，而是由团队协作共同完成。一方面，刚进入事务所工作的审计人员由于缺乏工作经验，审计风险应对能力较弱，若审计项目团队因人力资源配置不足而吸纳了太多“新手”审计师，这必然会损害审计质量。另一方面，若审计项目团队的人力资源质量较高时，如配备的审计人员经验丰富、财会类专业出身、年龄结构合理等，这都有助于保障审计程序效率，提高客户公司盈余质量，由此提出假设 5 -2a。

假设 5 -2a：限定其他条件，事务所人力资源配置越充沛，越有利于缓解审计师工作压力个体感知及其对客户公司盈余质量的负面影响。

（2）事务所组织支持机制之行业专长。已有研究表明，当审计师具备行业专长时，被审计的客户公司的异常应计更少，被出具持续关注审计意见的可能性也更大，经审计的客户公司盈余质量更高。同理，事务所行业专长可以赋予签字审计师一些组织支持优势，帮助其掌握客户公司所在行业的经营特点以及会计政策信息，更好地了解客户公司整体经营状况与潜在重大错报风险。因此，事务所行业专长能够帮助签字审计师节约审计工作时间，缓解签字审计师工作压力及其产生的负面影响，由此提出假设 5 -2b。

假设 5 -2b：限定其他条件，事务所具备行业专长时，越有利于缓解审计师工作压力个体感知及其对审计意见决策的负面影响。

(3) 事务所组织支持机制之质控机制。众所周知，审计师需依照审计准则开展审计业务，遵循标准化审计程序执行审计具体工作。为保证审计业务质量，各个事务所都制定了一套审计质控机制，用于规范审计师执业行为，约束审计师的潜在不道德动机等。如此一来，严苛的质控机制很可能会增加审计师的工作压力感知，导致其负面影响作用扩大，由此提出假设5-2c。

假设5-2c：限定其他条件，事务所质控机制越严格，会加强审计师工作压力个体感知及其对审计意见决策的负面影响。

5.2 变量界定与模型构建

5.2.1 变量界定

(1) 盈余质量。借鉴 Goodwin and Wu (2016)、Yan and Xie (2016) 研究经验，采用操纵性应计盈余 ($DA_{i,t}$) 的绝对值作为衡量盈余质量的直观指标，记为 $|DA_{i,t}|$，本章采用模型 (5-1) 估计操纵性应计盈余 ($DA_{i,t}$)。其中，$TA_{i,t}$ 表示公司总应计，等于公司营业利润减去经营活动现金净流量，$A_{i,t-1}$ 表示公司期初总资产，$\Delta SALES_{i,t}$ 表示公司销售收入增加额，$\Delta AR_{i,t}$ 表示公司应收账款增加额，$PPE_{i,t}$ 表示公司固定资产原值。模型 (5-1) 的回归残差值 $\varepsilon_{i,t}$ 取绝对值代表公司的操纵性应计盈余绝对值 $|DA_{i,t}|$。

$$\frac{TA_{i,t}}{A_{i,t-1}} = \beta_1 \frac{1}{A_{i,t-1}} + \beta_2 \frac{\Delta SALES_{i,t} - \Delta AR_{i,t}}{A_{i,t-1}} + \beta_3 \frac{PPE_{i,t}}{A_{i,t-1}} + \varepsilon_{i,t} \tag{5-1}$$

（2）审计师工作压力。与第4章同理，不予赘述。

（3）事务所组织支持机制。①人力资源配置，与第4章同理，不予赘述。②行业专长，与第4章同理，不予赘述。③质控机制，与第4章同理，不予赘述。

（4）控制变量。为控制影响审计意见决策的因素，借鉴已有研究经验：①公司特征层面，控制了公司规模（*Size*）、财务状况（*Debt*）、流动比率（*Liqt*）、现金流状况（*Cash*）、盈利能力（*Roe*）、是否亏损（*Loss*）、产权性质（*Soe*）、两职合一（*Dual*）、代理成本（*Cost*）、监督机构（*Supv*）、上市年数（*List*）；②会计师事务所特征层面，包括事务所规模（*Big4*）、事务所任期（*FTen*）、审计费用（*Fee*）、本地所（*Loc*）、事务所变更（*FChg*）、客户重要性（*FImp*）；③签字审计师特征层面，包括审计师任期（*APTen*）、上期审计师的审计意见类型（*LagMAO*）、审计师年龄（*APAge*）；除此之外，控制了公司注册地的中介市场发育程度（*Market*），控制会计师事务所、年度和行业层面的固定效应，具体变量定义和说明见表5－1。

表5－1　　变量定义和说明

变量类别	变量名称	变量标识	变量说明
被解释变量	盈余质量	|*DA*|	见上文
解释变量	工作压力	*APres_AF*	以“本所同事”作为参照对象的测度指标
		APres_IN	以“行业同仁”作为参照对象的测度指标
	事务所组织支持机制	*AFirm_hq*	人力资源配置
		AFirm_exp	行业专长
		AFirm_qc	质控机制

续表

变量类别	变量名称	变量标识	变量说明
控制变量	公司规模	*Size*	年末总资产的自然对数
	财务状况	*Debt*	负债与总资产的比值
	流动比率	*Liqt*	流动资产与总资产的比值
	现金流状况	*Cash*	每股经营活动产生的现金净流量
	盈利能力	*Roe*	净资产收益率
	是否亏损	*Loss*	公司当年出现亏损则取值为 1，否则为 0
	产权性质	*Soe*	国企取值为 1，否则为 0
	股权结构	*Top*1	第一大股东持股比例
	两职合一	*Dual*	董事长与总经理两职合一取值为 1，否则为 0
	代理成本	*Cost*	管理费用除以营业收入
	监督机构	*Supv*	四委设立个数
	上市年数	*List*	公司上市总年数
	事务所规模	*Big*4	公司聘请排名前四大事务所取值为 1，否则为 0
	事务所任期	*FTen*	事务所累计为公司提供年报审计的年数
	审计费用	*Fee*	当年审计费用的自然对数
	本地所	*Loc*	公司和事务所（分所层面）是同省份取值为 1，否则为 0
	事务所变更	*FChg*	事务所发生变更取值为 1，否则为 0
	客户重要性	*FImp*	客户公司总资产占事务所当年审计客户资产合计的比值
	审计师任期	*APTen*	审计师累计审计年数，取两位审计师较大值
	上期审计意见类型	*LagMAO*	上年度审计意见是非标意见取值为 1，否则为 0

续表

变量类别	变量名称	变量标识	变量说明
控制变量	审计师年龄	*APAge*	两位审计师年龄均值
	公司注册地的中介市场发育程度	*Market*	根据王小鲁等（2018）市场化指数的子指数－地区市场中介组织的发育程度指标
	事务所固定效应	*AudFirm*	会计师事务所虚拟变量
	年度固定效应	*Year*	年度虚拟变量
	行业固定效应	*Ind*	行业虚拟变量

5.2.2　模型构建

（1）为了检验审计师工作压力对盈余质量的影响，借鉴 Yan and Xie（2016）、López and Peters（2012）等研究经验，构建模型（5－2），其中当被解释变量为$|DA|$时，采用回归模型进行检验，下同：

$$|DA| = \alpha_0 + \alpha_1 APres + \sum Controls + \sum AudFirm + \sum Year + \sum Ind + \varepsilon \qquad (5-2)$$

在上述模型中，被解释变量是盈余质量，采用操纵性应计盈余绝对值（$|DA_{i,t}|$）进行测度；主要解释变量（*APres*）分别采用以“本所同事”作为参照对象的测度指标（*APres_AF*）、以“行业同仁”作为参照对象的测度指标（*APres_IN*）进行测度；*Controls* 表示影响审计意见决策的控制变量组合，包括公司特征和会计师事务所特征及签字审计师特征等；*AudFirm* 表示会计师事务所虚拟变量；*Year* 表示年度虚拟变量；*Ind* 表示行业虚拟变量，详见表 5－1。

（2）为了检验审计师团队作为非正式组织的支持机制对审

计师工作压力与审计意见决策之间关系的调节效应，构建模型（5 - 3）：

$$|DA| = \alpha_0 + \alpha_1 APres + \alpha_2 AFirm + \alpha_3 APres \times AFirm + \sum Controls + \sum AudFirm + \sum Year + \sum Ind + \varepsilon \tag{5-3}$$

在上述模型中，调节变量是事务所组织支持机制（*AFirm*），分别采用事务所人力资源配置（*AFirm_hq*）、事务所行业专长（*AFirm_exp*）、事务所质控机制（*AFirm_qc*）进行测度，其他变量同模型（5 - 2）。

5.3　实证分析

5.3.1　研究样本与数据来源

本章选取 2009 年至 2018 年我国沪、深 A 股上市公司作为初始研究样本，考虑到我国具备证券期货业务资格的会计师事务所在 2009 年之前发生的政府引导或事务所自愿合并及分拆事项较多，为了尽量缓解此类事项产生的干扰，研究样本区间始于 2009 年。遵照已有研究惯例进行样本筛选，剔除了原始数据库中包含的公司 IPO 之前年度观测值、金融保险类公司观测值、无法计算可操纵性应计盈余的公司观测值、签字审计师个人信息的公司观测值、净资产收益率（Roe）及代理成本（Cost）等变量指标数据缺失的公司观测值，最终获得样本观测值 18793 个。公司财务数据主要来自 CSMAR 数据库，审计师个人信息数据主要依据中国注册会计师协会信息管理系统及巨潮资讯网站进行手工收集、整理获得，并且逐一修正审计师姓名错误、重名等情形。此外，为了缓解研究模型中变量极端值的干扰，对所有连续变量进行首尾1%分位的缩尾处理。

5.3.2 描述性统计分析

与第4章同理，表5-2报告了不同规模会计师事务所的审计师工作量均值对比。在不同规模事务所之间，审计师工作量（$WL\_APart_{j,t}$）的均值存在显著差异，国际“四大”、国内“十大”以及“十四大”之间，审计师承载的平均工作量各不相同。

表5-2　　不同规模会计师事务所的审计师工作量均值对比

	非四大	四大	非十大	十大	非十四大	十四大
审计师工作压力均值	23.308	24.719	23.320	23.413	23.102	23.508
样本量	17850	943	6929	11864	5986	12807
均值差异	-1.411***		-0.093***		-0.405***	
T值	-38.598		-5.388		-23.099	

注：***、**和*分别表示在1%、5%和10%的水平上显著。

与第4章同理，表5-3报告了不同客户行业的审计师工作量均值对比。担任建筑业、交通运输、仓储、邮政行业、采矿业及电力、热力、燃气及水电生产和供应业的年报审计师承载的平均工作量较高，而担任公共管理、社会保障和社会组织、农业和信息传输、软件和信息技术服务业的审计师承载的工作量则相对较低。这进一步说明了本书构建审计师工作压力“相对指标”的合理性与必要性。

表 5-3　不同行业类别下的审计师工作量均值对比

行业类别	样本量	审计师工作量均值
农业	299	22.982
采矿业	470	23.778
制造业	12098	23.289
电力、热力、燃气及水电生产和供应业	672	23.777
建筑业	497	23.942
批发和零售	1145	23.416
交通运输、仓储、邮政	634	23.834
信息传输、软件和信息技术服务业	1063	23.210
房地产业	1024	23.744
租赁和商业服务业	219	23.354
科学研究和技术服务业	68	23.316
水利、环境和公共设施管理业	165	23.271
文化体育和娱乐	188	23.564
公共管理、社会保障和社会组织	251	23.115
合计	18793	23.379

表 5-4 报告了模型变量的描述性统计结果。其一，在盈余质量方面，$|DA|$的均值为 0.061，标准差为 0.061，最小值和最大值分别为 0.001 和 0.325，数据分布合理。其二，在审计师工作压力方面，基于“本所同事”的工作压力指标 *APres_AF* 的均值为 1.519，最大值是 3.661，最小值是 0.477；基于“行业同仁”的压力指标 *APres_IN* 的均值为 1.155，最大值是 3.082，最小值是 0.337；说明审计师负载的工作压力具有一定差异。其三，在控制变量方面，公司规模 *Size* 的均值为 22.069，财务状况 *Debt* 的均值为 0.438，事务所任期 *Ften* 平约值为 7 年，公司聘请国际四大事务所的比例约为 5.0%，这与已有文献研究基本吻合。

表 5－4　描述性统计结果

变量	样本量	平均值	标准差	下四分位数	中位数	上四分位数	最小值	最大值
| *DA* |	18793	0. 061	0. 061	0. 019	0. 043	0. 081	0. 001	0. 325
APres_AF	18793	1. 519	0. 681	1. 013	1. 427	1. 903	0. 477	3. 661
APres_IN	18793	1. 155	0. 595	0. 704	1. 041	1. 483	0. 337	3. 082
Size	18793	22. 069	1. 233	21. 176	21. 911	22. 796	19. 703	25. 740
Debt	18793	0. 438	0. 210	0. 269	0. 436	0. 602	0. 051	0. 892
Liqt	18793	2. 405	2. 598	1. 091	1. 601	2. 587	0. 290	17. 151
Cash	18793	0. 364	0. 805	0. 010	0. 272	0. 661	－2. 397	3. 543
Roe	18793	0. 070	0. 109	0. 029	0. 071	0. 120	－0. 465	0. 354
Loss	18793	0. 091	0. 288	0	0	0	0	1
Soe	18793	0. 411	0. 492	0	0	1	0	1
*Top*1	18793	35. 096	15. 041	23. 140	33. 170	45. 310	8. 660	74. 960
Dual	18793	0. 240	0. 427	0	0	0	0	1
Cost	18793	0. 102	0. 083	0. 050	0. 082	0. 124	0. 010	0. 524
Supv	18793	3. 869	0. 418	4	4	4	0	4
List	18793	9. 985	6. 573	4	9	16	0	27
*Big*4	18793	0. 050	0. 218	0	0	0	0	1
FTen	18793	6. 697	5. 177	3	5	9	1	26
Fee	18793	13. 531	0. 619	13. 122	13. 459	13. 816	12. 429	15. 703
Loc	18793	0. 671	0. 470	0	1	1	0	1
FChg	18793	0. 086	0. 280	0	0	0	0	1
FImp	18793	0. 014	0. 029	0. 001	0. 003	0. 012	0. 000	0. 194
APTen	18793	3. 913	2. 515	2	3	5	1	17
LagMAO	18793	0. 021	0. 145	0	0	0	0	1
APAge	18793	41. 124	4. 843	37. 500	41	44	27	65. 500
Market	18793	6. 830	2. 949	4. 700	6. 270	8. 880	－1. 480	15. 250

5.3.3　相关性分析

表5-5报告了模型主要变量的Pearson相关性分析结果：|*DA*|与*APres_AF*的相关系数在5%的水平显著为负，说明在不考虑其他影响因素的情况下，审计师工作压力会提高被审公司的盈余管理水平，降低审计质量，初步支持假设5-1的推测。

表5-5　　　　Pearson相关性检验

相关系数	|*DA*|	*APres_AF*	*APres_IN*
|*DA*|	1		
APres_AF	0.016**	1	
APres_IN	0.002	0.898***	1

注：***、**和*分别表示在1%、5%和10%的水平上显著。

表5-6报告了样本均值T检验的结果：(1)基于"本所同事"的工作压力指标*APres_AF*进行样本分组，当*APres_AF*大于中位数时，则视为"压力组"，否则视为"无压力组"。"压力组"样本的|*DA*|均值是0.062，"无压力组"样本的|*DA*|均值是0.060，组间差异在5%水平显著；(2)基于"行业同仁"的工作压力指标*APres_IN*均值进行分组，当*APres_IN*大于中位数时，则视为"压力组"，否则视为"无压力组"。"压力组"样本的|*DA*|均值是0.061，"无压力组"样本的|*DA*|均值是0.061，组间差异均在并不显著；上述结果表明审计师工作压力对质量具有负面影响，初步支持假设5-1的推测。

表 5－6　均值 T 检验

分组变量	变量名称	无压力组		压力组		均值差异	T 值
		样本量	均值	样本量	均值		
APres_AF	|*DA*|	9397	0.060	9396	0.062	－0.002**	－1.907
APres_IN	|*DA*|	9395	0.061	9398	0.061	－0.001	0.502

注：***、** 和 * 分别表示在 1%、5% 和 10% 的水平上显著。

5.3.4　多元回归分析

（1）审计师工作压力对盈余质量的影响。表 5－7 列示了审计师工作压力对盈余质量的影响的多元回归结果。为缓解研究样本可能存在的截面异方差及时间序列自相关问题，本章涉及多元回归模型均在公司与年度两个维度对估计系数的标准误进行 Cluster 处理。

表 5－7　审计师工作压力与盈余质量

变量名称	基于“本所同事”的压力指标 *APres_AF*	基于“行业同仁”的压力指标 *APres_IN*
APres	0.002** (1.963)	0.002* (1.859)
Size	－0.004*** (－5.045)	－0.004*** (－5.045)
Debt	0.037*** (9.747)	0.037*** (9.750)
Liqt	0.000 (1.176)	0.000 (1.182)
Cash	－0.007*** (－4.689)	－0.007*** (－4.687)

续表

变量名称	基于“本所同事”的压力指标 APres_AF	基于“行业同仁”的压力指标 APres_IN
Roe	0.066*** (6.836)	0.066*** (6.841)
Loss	0.032*** (8.105)	0.032*** (8.113)
Soe	-0.007*** (-5.802)	-0.007*** (-5.824)
*Top*1	0.000* (1.687)	0.000* (1.698)
Dual	0.002 (1.407)	0.002 (1.401)
Cost	-0.021** (-2.086)	-0.021** (-2.084)
Supv	0.000 (0.420)	0.000 (0.416)
List	0.000** (2.120)	0.000** (2.122)
*Big*4	-0.053*** (-11.381)	-0.053*** (-11.280)
FTen	-0.000 (-0.025)	-0.000 (-0.014)
Fee	-0.000 (-0.165)	-0.000 (-0.165)
Loc	-0.003*** (-2.771)	-0.003*** (-2.773)
FChg	0.007*** (2.581)	0.007*** (2.607)

续表

变量名称	基于“本所同事”的压力指标 *APres_AF*	基于“行业同仁”的压力指标 *APres_IN*
FImp	0.013 (0.512)	0.013 (0.520)
APTen	-0.001*** (-3.665)	-0.001*** (-3.648)
LagMAO	0.029*** (6.273)	0.029*** (6.267)
APAge	-0.000 (-0.030)	-0.000 (-0.038)
Market	0.001** (2.361)	0.001** (2.356)
截距项	0.154*** (7.313)	0.154*** (7.326)
事务所	控制	控制
年度	控制	控制
行业	控制	控制
调整 R^2	0.082	0.082
样本量	18793	18793

注：***、**和*分别表示在1%、5%和10%的水平上显著。

首先，基于“本所同事”的工作压力指标 *APres_AF* 作为审计师工作压力测度指标，以盈余质量（$|DA|$）作为盈余质量的度量指标，*APres* 的回归系数在5%的水平显著为正；其次，基于“行业同仁”的工作压力指标 *APres_IN* 作为审计师工作压力测度指标，以盈余质量（$|DA|$）作为盈余质量的度量指标，*APres* 的回归系数在10%的水平显著为正。综合上述，签字审计师工作压力提高了被审公司盈余管理水平，降低了审计质量，说

明审计师工作压力对盈余质量具有负面影响，支持假设 5 - 1。

在控制变量方面，客户公司的规模的系数在 1% 水平上显著为负，表明客户公司规模越大，盈余操纵程度越低，国有企业也偏向于较少进行盈余操纵。当客户公司的资产负债率较高时，表明客户公司的财务状况不佳，此时，客户公司为保证能与债权人维持长期的债务契约，倾向于进行盈余管理，以提高债权人对其履行债务契约能力的信心。

（2）会计师事务所组织支持机制调节效应。表 5 - 8 列示了会计师事务所组织支持机制调节效应的多元回归结果。首先，表 5 - 8 的第一至第三列结果显示：基于“本所同事”的工作压力指标 *APres_AF* 作为审计师工作压力测度指标，以盈余管理水平（$|DA|$）作为盈余质量的度量指标，审计师工作压力与会计师事务所人力资源配置的交乘项 *APres* × *AFirm_hq* 的回归系数在 1% 的水平显著为正，审计师工作压力与会计师事务所行业专长的交乘项 *APres* × *AFirm_exp* 的回归系数在 5% 的水平显著为正，审计师工作压力与事务所质控机制的交乘项 *APres* × *AFirm_qc* 的回归系数在 1% 的水平显著为负。

表 5 - 8　　会计师事务所组织支持机制的调节效应

变量名称	基于“本所同事”的压力指标 *APres_AF*			基于“行业同仁”的压力指标 *APres_IN*		
	人力资源配置	行业专长	质控机制	人力资源配置	行业专长	质控机制
APres	0.002** (2.342)	0.002** (2.474)	0.000 (0.260)	0.002** (2.057)	0.003** (2.240)	0.000 (0.456)
AFirm_hq	0.004* (1.960)			0.003 (1.360)		

续表

变量名称	基于“本所同事”的压力指标 *APres_AF*			基于“行业同仁”的压力指标 *APres_IN*		
	人力资源配置	行业专长	质控机制	人力资源配置	行业专长	质控机制
APres × *AFirm_hq*	-0.003*** (-2.839)			-0.003** (-2.065)		
AFirm_exp		0.003 (1.049)			0.002 (0.767)	
APres × *AFirm_exp*		-0.003** (-2.076)			-0.003* (-1.772)	
AFirm_qc			-0.008*** (-2.633)			-0.007** (-2.297)
APres × *AFirm_qc*			0.005*** (2.869)			0.006** (2.493)
Size	-0.004*** (-5.023)	-0.004*** (-5.035)	-0.004*** (-5.085)	-0.004*** (-5.030)	-0.004*** (-5.059)	-0.004*** (-5.059)
Debt	0.037*** (9.697)	0.037*** (9.678)	0.037*** (9.757)	0.037*** (9.730)	0.037*** (9.712)	0.037*** (9.749)
Liqt	0.000 (1.177)	0.000 (1.159)	0.000 (1.166)	0.000 (1.181)	0.000 (1.173)	0.000 (1.178)
Cash	-0.007*** (-4.693)	-0.007*** (-4.658)	-0.007*** (-4.663)	-0.007*** (-4.692)	-0.007*** (-4.653)	-0.007*** (-4.658)
Roe	0.066*** (6.845)	0.066*** (6.799)	0.066*** (6.766)	0.066*** (6.853)	0.066*** (6.806)	0.065*** (6.774)
Loss	0.032*** (8.091)	0.032*** (8.071)	0.032*** (8.036)	0.032*** (8.109)	0.032*** (8.079)	0.032*** (8.055)

续表

变量名称	基于“本所同事”的压力指标 *APres_AF*			基于“行业同仁”的压力指标 *APres_IN*		
	人力资源配置	行业专长	质控机制	人力资源配置	行业专长	质控机制
Soe	-0.007*** (-5.778)	-0.007*** (-5.796)	-0.007*** (-5.775)	-0.007*** (-5.810)	-0.007*** (-5.820)	-0.007*** (-5.774)
*Top*1	0.000* (1.683)	0.000* (1.661)	0.000* (1.696)	0.000* (1.692)	0.000* (1.689)	0.000* (1.700)
Dual	0.002 (1.412)	0.002 (1.420)	0.002 (1.394)	0.002 (1.406)	0.002 (1.408)	0.002 (1.405)
Cost	-0.021** (-2.077)	-0.021** (-2.089)	-0.021** (-2.100)	-0.021** (-2.079)	-0.021** (-2.089)	-0.021** (-2.098)
Supv	0.000 (0.414)	0.000 (0.406)	0.000 (0.483)	0.000 (0.423)	0.000 (0.397)	0.000 (0.485)
List	0.000** (2.109)	0.000** (2.100)	0.000** (2.107)	0.000** (2.115)	0.000** (2.102)	0.000** (2.117)
*Big*4	-0.053*** (-11.344)	-0.053*** (-11.004)	-0.054*** (-11.423)	-0.053*** (-11.239)	-0.053*** (-10.811)	-0.054*** (-11.273)
FTen	-0.000 (-0.013)	-0.000 (-0.053)	-0.000 (-0.081)	-0.000 (-0.007)	-0.000 (-0.049)	-0.000 (-0.073)
Fee	-0.000 (-0.182)	-0.000 (-0.176)	-0.000 (-0.130)	-0.000 (-0.175)	-0.000 (-0.171)	-0.000 (-0.133)
Loc	-0.003*** (-2.776)	-0.003*** (-2.797)	-0.003*** (-2.783)	-0.003*** (-2.781)	-0.003*** (-2.800)	-0.003*** (-2.795)
FChg	0.007*** (2.579)	0.007*** (2.583)	0.007*** (2.614)	0.007*** (2.608)	0.007*** (2.617)	0.007*** (2.657)

续表

变量名称	基于“本所同事”的压力指标 APres_AF			基于“行业同仁”的压力指标 APres_IN		
	人力资源配置	行业专长	质控机制	人力资源配置	行业专长	质控机制
FImp	0.013 (0.516)	0.014 (0.548)	0.014 (0.528)	0.013 (0.517)	0.014 (0.553)	0.014 (0.541)
APTen	-0.001*** (-3.654)	-0.001*** (-3.641)	-0.001*** (-3.534)	-0.001*** (-3.642)	-0.001*** (-3.627)	-0.001*** (-3.530)
LagMAO	0.029*** (6.277)	0.029*** (6.253)	0.029*** (6.317)	0.029*** (6.266)	0.029*** (6.253)	0.029*** (6.321)
APAge	-0.000 (-0.050)	-0.000 (-0.041)	-0.000 (-0.070)	-0.000 (-0.046)	-0.000 (-0.056)	-0.000 (-0.086)
Market	0.001** (2.373)	0.001** (2.358)	0.001** (2.376)	0.001** (2.368)	0.001** (2.359)	0.001** (2.360)
截距项	0.154*** (7.307)	0.153*** (7.336)	0.157*** (7.630)	0.154*** (7.310)	0.153*** (7.381)	0.156*** (7.591)
事务所	控制	控制	控制	控制	控制	控制
年度	控制	控制	控制	控制	控制	控制
行业	控制	控制	控制	控制	控制	控制
调整 R^2	0.082	0.082	0.082	0.082	0.082	0.082
样本量	18793	18793	18793	18793	18793	18793

注：***、**和*分别表示在1%、5%和10%的水平上显著。

其次，表5-8的第四至第六列结果显示：基于“行业同仁”的工作压力指标 *APres_IN* 作为审计师工作压力测度指标，以盈余管理水平（$|DA|$）作为盈余质量的度量指标，审计师工作压力与会计师事务所人力资源配置的交乘项 *APres*×*AFirm_hq*

的回归系数在 5% 的水平显著为正，审计师工作压力与会计师事务所行业专长的交乘项 $APres \times AFirm\_exp$ 的回归系数在 10% 的水平显著为正，审计师工作压力与事务所质控机制的交乘项 $APres \times AFirm\_qc$ 的回归系数在 5% 的水平显著为负。这说明在会计师事务所组织支持机制视角下，人力资源充沛能够发挥人力资源规模效应，同时具备行业专长的会计师事务所能够发挥其经验专长优势，促进组织支持机制的积极效应生成，缓解审计师工作压力对盈余质量的负面影响，但同时值得注意的是较高的事务所质量控制水平，在审计师原有压力的基础之上又增加审计师的工作负担，从而加强了审计师工作压力对盈余质量的负面影响，支持本章假设 5 - 2。

5.4　稳健性分析

5.4.1　考虑审计师工作压力的替代测试

根据前述，本章分别以“本所同事”和“行业同仁”作为参照对象，将审计师 j 第 t 年的工作量分别除以审计师 j 所属会计师事务所第 t 年的平均工作量或者同行业所审计师的平均工作量，取两位审计师工作压力均值得到审计师工作量压力的相对指标。进一步，本章用绝对数指标衡量审计师工作压力，即分别取审计师 j 第 t 年的工作量减去审计师 j 所属会计师事务所第 t 年的平均工作量或者同行业所审计师的平均工作量的差额，得到审计师工作压力的替代测度 $APres\_AF$ 和 $APres\_IN$。表 5 - 9 和表 5 - 10 列示了考虑审计师工作压力指标的替代测度的分析结果。

表 5-9　　考虑审计师工作压力指标的替代测度（假设 5-1）

变量名称	基于“本所同事”的压力指标 APres_AF	基于“行业同仁”的压力指标 APres_IN
APres	0.000** (2.118)	0.000** (2.070)
Size	-0.004*** (-5.041)	-0.004*** (-5.055)
Debt	0.037*** (9.740)	0.037*** (9.744)
Liqt	0.000 (1.179)	0.000 (1.177)
Cash	-0.007*** (-4.689)	-0.007*** (-4.687)
Roe	0.066*** (6.836)	0.066*** (6.838)
Loss	0.032*** (8.115)	0.032*** (8.114)
Soe	-0.007*** (-5.814)	-0.007*** (-5.811)
Top1	0.000* (1.697)	0.000* (1.698)
Dual	0.002 (1.400)	0.002 (1.402)
Cost	-0.021** (-2.085)	-0.021** (-2.083)
Supv	0.000 (0.409)	0.000 (0.410)
List	0.000** (2.126)	0.000** (2.128)

续表

变量名称	基于“本所同事”的压力指标 APres_AF	基于“行业同仁”的压力指标 APres_IN
Big4	-0.053*** (-11.344)	-0.053*** (-11.271)
FTen	-0.000 (-0.023)	-0.000 (-0.021)
Fee	-0.000 (-0.166)	-0.000 (-0.162)
Loc	-0.003*** (-2.771)	-0.003*** (-2.769)
FChg	0.007*** (2.595)	0.007*** (2.602)
FImp	0.013 (0.513)	0.014 (0.523)
APTen	-0.001*** (-3.661)	-0.001*** (-3.658)
LagMAO	0.029*** (6.273)	0.029*** (6.272)
APAge	-0.000 (-0.040)	-0.000 (-0.044)
Market	0.001** (2.358)	0.001** (2.353)
截距项	0.156*** (7.583)	0.156*** (7.678)
事务所	控制	控制
年度	控制	控制
行业	控制	控制
调整 R^2	0.082	0.082
样本量	18793	18793

注：***、** 和 * 分别表示在 1%、5% 和 10% 的水平上显著。

表 5－10　　考虑审计师工作压力指标的替代测度（假设 5－2）

变量名称	基于“本所同事”的压力指标 APres_AF			基于“行业同仁”的压力指标 APres_IN		
	人力资源配置	行业专长	质控机制	人力资源配置	行业专长	质控机制
APres	0.000** (2.455)	0.000*** (2.616)	0.000 (0.540)	0.000** (2.275)	0.000** (2.518)	0.000 (0.618)
AFirm_hq	0.001 (0.986)			0.000 (0.329)		
APres × AFirm_hq	－0.000*** (－3.073)			－0.000** (－2.208)		
AFirm_exp		0.000 (0.082)			－0.001 (－0.334)	
APres × AFirm_exp		－0.000* (－1.956)			－0.000* (－1.904)	
AFirm_qc			－0.003** (－2.066)			－0.001 (－1.273)
APres × AFirm_qc			0.000*** (2.826)			0.000*** (2.607)
Size	－0.004*** (－5.027)	－0.004*** (－5.038)	－0.004*** (－5.067)	－0.004*** (－5.041)	－0.004*** (－5.069)	－0.004*** (－5.071)
Debt	0.037*** (9.700)	0.037*** (9.688)	0.037*** (9.760)	0.037*** (9.725)	0.037*** (9.699)	0.037*** (9.745)
Liqt	0.000 (1.178)	0.000 (1.167)	0.000 (1.172)	0.000 (1.176)	0.000 (1.166)	0.000 (1.173)
Cash	－0.007*** (－4.695)	－0.007*** (－4.656)	－0.007*** (－4.662)	－0.007*** (－4.692)	－0.007*** (－4.652)	－0.007*** (－4.657)

续表

变量名称	基于“本所同事”的压力指标 APres_AF			基于“行业同仁”的压力指标 APres_IN		
	人力资源配置	行业专长	质控机制	人力资源配置	行业专长	质控机制
Roe	0.066*** (6.846)	0.066*** (6.800)	0.065*** (6.773)	0.066*** (6.849)	0.066*** (6.801)	0.065*** (6.777)
Loss	0.032*** (8.105)	0.032*** (8.082)	0.032*** (8.049)	0.032*** (8.109)	0.032*** (8.081)	0.032*** (8.057)
Soe	-0.007*** (-5.793)	-0.007*** (-5.812)	-0.007*** (-5.741)	-0.007*** (-5.797)	-0.007*** (-5.809)	-0.007*** (-5.749)
*Top*1	0.000* (1.692)	0.000* (1.676)	0.000* (1.701)	0.000* (1.693)	0.000* (1.687)	0.000* (1.698)
Dual	0.002 (1.405)	0.002 (1.408)	0.002 (1.392)	0.002 (1.407)	0.002 (1.411)	0.002 (1.402)
Cost	-0.021** (-2.079)	-0.021** (-2.088)	-0.021** (-2.095)	-0.021** (-2.078)	-0.021** (-2.088)	-0.021** (-2.094)
Supv	0.000 (0.409)	0.000 (0.396)	0.000 (0.471)	0.000 (0.417)	0.000 (0.394)	0.000 (0.475)
List	0.000** (2.115)	0.000** (2.106)	0.000** (2.122)	0.000** (2.121)	0.000** (2.108)	0.000** (2.124)
*Big*4	-0.053*** (-11.315)	-0.053*** (-10.940)	-0.054*** (-11.406)	-0.053*** (-11.231)	-0.053*** (-10.819)	-0.054*** (-11.287)
FTen	-0.000 (-0.010)	-0.000 (-0.053)	-0.000 (-0.090)	-0.000 (-0.015)	-0.000 (-0.055)	-0.000 (-0.086)
Fee	-0.000 (-0.181)	-0.000 (-0.172)	-0.000 (-0.131)	-0.000 (-0.172)	-0.000 (-0.166)	-0.000 (-0.132)

续表

变量名称	基于“本所同事”的压力指标 APres_AF			基于“行业同仁”的压力指标 APres_IN		
	人力资源配置	行业专长	质控机制	人力资源配置	行业专长	质控机制
Loc	-0.003*** (-2.778)	-0.003*** (-2.796)	-0.003*** (-2.786)	-0.003*** (-2.776)	-0.003*** (-2.795)	-0.003*** (-2.793)
FChg	0.007*** (2.595)	0.007*** (2.602)	0.007*** (2.626)	0.007*** (2.604)	0.007*** (2.614)	0.007*** (2.649)
FImp	0.013 (0.513)	0.014 (0.549)	0.014 (0.527)	0.013 (0.521)	0.015 (0.557)	0.014 (0.543)
APTen	-0.001*** (-3.652)	-0.001*** (-3.642)	-0.001*** (-3.521)	-0.001*** (-3.652)	-0.001*** (-3.635)	-0.001*** (-3.540)
LagMAO	0.029*** (6.280)	0.029*** (6.252)	0.029*** (6.323)	0.029*** (6.273)	0.029*** (6.259)	0.029*** (6.328)
APAge	-0.000 (-0.055)	-0.000 (-0.050)	-0.000 (-0.087)	-0.000 (-0.053)	-0.000 (-0.058)	-0.000 (-0.094)
Market	0.001** (2.370)	0.001** (2.356)	0.001** (2.360)	0.001** (2.364)	0.001** (2.357)	0.001** (2.357)
截距项	0.156*** (7.569)	0.155*** (7.684)	0.157*** (7.711)	0.156*** (7.661)	0.156*** (7.814)	0.157*** (7.734)
事务所	控制	控制	控制	控制	控制	控制
年度	控制	控制	控制	控制	控制	控制
行业	控制	控制	控制	控制	控制	控制
调整 R^2	0.082	0.082	0.082	0.082	0.082	0.082
样本量	18793	18793	18793	18793	18793	18793

注：***、**和*分别表示在1%、5%和10%的水平上显著。

首先，针对假设5-1，表5-9的结果显示：基于“本所同

事”的工作压力指标 $APres\_AF$ 作为审计师工作压力测度指标，以可操纵性应计盈余绝对值（$|DA|$）作为盈余质量的度量指标，$APres$ 的回归系数在5%的水平显著为正；同样，基于“行业同仁”的工作压力指标 $APres\_IN$ 的结论也是类似的，支持本章假设5－1。

其次，基于“本所同事”的工作压力指标 $APres\_AF$ 作为审计师工作压力测度指标，以可操纵性应计盈余绝对值（$|DA|$）作为盈余质量的度量指标，审计师工作压力与会计师事务所人力资源配置交乘项 $APres \times AFirm\_hq$ 的回归系数在1%的水平显著为正，审计师工作压力与会计师事务所行业专长交乘项 $APres \times AFirm\_exp$ 的回归系数在10%的水平显著为正，审计师工作压力与事务所质控机制交乘项 $APres \times AFirm\_qc$ 的回归系数在1%的水平显著为负；同样，基于“行业同仁”的工作压力指标 $APres\_IN$ 的结论也是类似的，支持本章假设5－2。

5.4.2　考虑盈余质量的替代测试

根据前述，本章以可操纵性应计盈余绝对值（$|DA|$）作为盈余质量的度量指标，进一步，本章使用财务报告质量（FRQ）作为盈余质量的替代测度指标，表5－11和表5－12列示了考虑盈余质量指标的替代测度的分析结果。

首先，针对假设5－1，表5－11的结果显示：基于财务报告质量（FRQ）作为盈余质量的替代测度指标，分别以“本所同事”和“行业同仁”作为参照对象，将审计师 j 第 t 年的工作量分别除以审计师 j 所属会计师事务所第 t 年的平均工作量或者同行业所审计师的平均工作量，取两位审计师工作压力均值得到审计师工作压力的相对指标 $APres\_AF$ 和 $APres\_IN$。“本所同事”的工作压力指标 $APres\_AF$ 的回归系数在5%的水平显著为负，“行业同仁”的工作压力指标 $APres\_IN$ 的回归系数在10%的水平显著为负。

表 5－11　　考虑盈余质量的替代测度
（基于假设 5－1）

变量名称	基于“本所同事”的压力指标 *APres_AF*	基于“行业同仁”的压力指标 *APres_IN*
APres	－0.000** （－2.012）	－0.000* （－1.842）
Size	0.025*** （5.275）	0.025*** （5.287）
Debt	－0.192*** （－11.290）	－0.192*** （－11.294）
Liqt	－0.003 （－1.312）	－0.003 （－1.312）
Cash	0.037*** （5.062）	0.037*** （5.061）
Roe	－0.463*** （－9.499）	－0.463*** （－9.503）
Loss	－0.191*** （－10.523）	－0.191*** （－10.522）
Soe	0.039*** （5.523）	0.039*** （5.522）
Top1	－0.000** （－2.364）	－0.000** （－2.364）
Dual	－0.010 （－1.599）	－0.010 （－1.603）
Cost	0.139** （2.330）	0.139** （2.328）
Supv	0.000 （0.056）	0.000 （0.049）
List	－0.002** （－2.483）	－0.002** （－2.482）

续表

变量名称	基于"本所同事"的压力指标 APres_AF	基于"行业同仁"的压力指标 APres_IN
Big4	0.263*** (10.360)	0.262*** (10.309)
FTen	0.000 (0.346)	0.000 (0.339)
Fee	-0.001 (-0.144)	-0.001 (-0.147)
Loc	0.018*** (3.349)	0.018*** (3.348)
FChg	-0.034*** (-2.699)	-0.034*** (-2.706)
FImp	-0.053 (-0.388)	-0.054 (-0.396)
APTen	0.005*** (3.942)	0.005*** (3.923)
LagMAO	-0.154*** (-7.051)	-0.154*** (-7.050)
APAge	-0.000 (-0.141)	-0.000 (-0.142)
Market	-0.003* (-1.942)	-0.003* (-1.943)
截距项	-0.451*** (-4.347)	-0.453*** (-4.412)
事务所	控制	控制
年度	控制	控制
行业	控制	控制
调整 R^2	0.098	0.098
样本量	18793	18793

注：***、**和*分别表示在1%、5%和10%的水平上显著。

其次，针对假设 5－2，如表 5－12 结果所示：基于“本所同事”的工作压力指标 *APres_AF* 作为审计师工作压力测度指标，以财务报告质量（*FRQ*）作为盈余质量的替代测度指标，审计师工作压力与会计师事务所人力资源配置交乘项 *APres* × *AFirm_hq* 的回归系数在 1% 的水平显著为正，审计师工作压力与会计师事务所行业专长交乘项 *APres* × *AFirm_exp* 的回归系数在 5% 的水平显著为正，审计师工作压力与事务所质控机制交乘项 *APres* × *AFirm_qc* 的回归系数在 5% 的水平显著为负；同样，基于“行业同仁”的工作压力指标 *APres_IN* 的结论也是类似的，支持本章假设 5－2。

表 5－12　考虑盈余质量的替代测度（基于假设 5－2）

变量名称	基于“本所同事”的压力指标 *APres_AF*			基于“行业同仁”的压力指标 *APres_IN*		
APres	－0.000** （－2.454）	－0.000*** （－2.651）	－0.000 （－0.775）	－0.000** （－2.093）	－0.000** （－2.236）	－0.000 （－0.740）
AFirm_hq	－0.008 （－0.883）			－0.001 （－0.073）		
APres × *AFirm_hq*	0.000*** （3.158）			0.000*** （2.636）		
AFirm_exp		－0.008 （－0.836）			－0.003 （－0.383）	
APres × *AFirm_exp*		0.000** （2.224）			0.000* （1.742）	
AFirm_qc			0.016** （2.310）			0.007 （1.459）
APres × *AFirm_qc*			－0.001** （－2.371）			－0.000** （－2.078）

续表

变量名称	基于“本所同事”的压力指标 APres_AF			基于“行业同仁”的压力指标 APres_IN		
Size	0.025 *** (5.260)	0.025 *** (5.284)	0.025 *** (5.296)	0.025 *** (5.277)	0.025 *** (5.312)	0.025 *** (5.301)
Debt	−0.193 *** (−11.237)	−0.192 *** (−11.244)	−0.192 *** (−11.293)	−0.192 *** (−11.272)	−0.192 *** (−11.256)	−0.192 *** (−11.274)
Liqt	−0.003 (−1.312)	−0.003 (−1.300)	−0.003 (−1.306)	−0.003 (−1.310)	−0.003 (−1.300)	−0.003 (−1.308)
Cash	0.037 *** (5.073)	0.037 *** (5.034)	0.037 *** (5.034)	0.037 *** (5.071)	0.037 *** (5.032)	0.037 *** (5.033)
Roe	−0.463 *** (−9.503)	−0.463 *** (−9.450)	−0.461 *** (−9.371)	−0.463 *** (−9.507)	−0.463 *** (−9.463)	−0.461 *** (−9.372)
Loss	−0.191 *** (−10.506)	−0.191 *** (−10.508)	−0.190 *** (−10.421)	−0.191 *** (−10.516)	−0.191 *** (−10.507)	−0.190 *** (−10.436)
Soe	0.039 *** (5.502)	0.039 *** (5.525)	0.038 *** (5.483)	0.039 *** (5.509)	0.039 *** (5.525)	0.039 *** (5.494)
*Top*1	−0.000 ** (−2.352)	−0.000 ** (−2.338)	−0.000 ** (−2.366)	−0.000 ** (−2.352)	−0.000 ** (−2.353)	−0.000 ** (−2.362)
Dual	−0.010 (−1.606)	−0.010 (−1.616)	−0.010 (−1.593)	−0.010 (−1.609)	−0.010 (−1.620)	−0.010 (−1.604)
Cost	0.139 ** (2.325)	0.139 ** (2.323)	0.139 ** (2.335)	0.139 ** (2.324)	0.139 ** (2.324)	0.139 ** (2.335)
Supv	0.000 (0.058)	0.000 (0.034)	0.000 (0.003)	0.000 (0.043)	0.000 (0.031)	−0.000 (−0.005)
List	−0.002 ** (−2.472)	−0.002 ** (−2.486)	−0.002 ** (−2.483)	−0.002 ** (−2.475)	−0.002 ** (−2.484)	−0.002 ** (−2.484)
*Big*4	0.263 *** (10.334)	0.262 *** (10.018)	0.264 *** (10.364)	0.262 *** (10.265)	0.261 *** (9.929)	0.264 *** (10.266)

续表

变量名称	基于“本所同事”的压力指标 *APres_AF*			基于“行业同仁”的压力指标 *APres_IN*		
FTen	0.000 (0.323)	0.000 (0.386)	0.000 (0.415)	0.000 (0.327)	0.000 (0.377)	0.000 (0.402)
Fee	-0.001 (-0.119)	-0.001 (-0.136)	-0.002 (-0.176)	-0.001 (-0.134)	-0.001 (-0.143)	-0.002 (-0.174)
Loc	0.018*** (3.359)	0.018*** (3.355)	0.018*** (3.364)	0.018*** (3.359)	0.018*** (3.360)	0.018*** (3.373)
FChg	-0.034*** (-2.702)	-0.034*** (-2.707)	-0.035*** (-2.739)	-0.034*** (-2.712)	-0.034*** (-2.718)	-0.035*** (-2.762)
FImp	-0.053 (-0.389)	-0.055 (-0.403)	-0.054 (-0.399)	-0.054 (-0.395)	-0.056 (-0.409)	-0.056 (-0.412)
APTen	0.005*** (3.932)	0.005*** (3.911)	0.005*** (3.787)	0.005*** (3.919)	0.005*** (3.893)	0.005*** (3.795)
LagMAO	-0.154*** (-7.086)	-0.154*** (-7.022)	-0.154*** (-7.075)	-0.154*** (-7.072)	-0.154*** (-7.033)	-0.154*** (-7.071)
APAge	-0.000 (-0.121)	-0.000 (-0.127)	-0.000 (-0.101)	-0.000 (-0.132)	-0.000 (-0.127)	-0.000 (-0.101)
Market	-0.003** (-1.961)	-0.003* (-1.947)	-0.003* (-1.948)	-0.003** (-1.960)	-0.003* (-1.953)	-0.003* (-1.949)
截距项	-0.450*** (-4.343)	-0.450*** (-4.389)	-0.454*** (-4.397)	-0.452*** (-4.407)	-0.454*** (-4.475)	-0.455*** (-4.413)
事务所	控制	控制	控制	控制	控制	控制
年度	控制	控制	控制	控制	控制	控制
行业	控制	控制	控制	控制	控制	控制
调整 R^2	0.098	0.098	0.098	0.098	0.098	0.098
样本量	18793	18793	18793	18793	18793	18793

注：***、**和*分别表示在1%、5%和10%的水平上显著。

5.4.3　考虑内生性问题

本章研究可能存在两种原因导致的内生性问题：一是遗漏变量，尽管我们在研究模型中尽可能控制了公司层面、审计师层面及事务所层面可能影响审计意见决策的因素，但仍无法尽数囊括，可能存在其他潜在的遗漏变量；二是样本自选择，审计师工作压力可能受公司本身资产质量、业务复杂度及风险程度的影响，也可能因事务所和管理层施加的审计意见压力影响审计师工作量。为了缓解上述两类问题；本章进行如下步骤的测试：

（1）构建 Heckman 两阶段模型。第一阶段构建审计意见的选择模型，若基于“本所同事”和“行业同仁”的审计师工作压力指标均大于 1，*Press* 取值为 1，将 *Press* 哑变量作为被解释变量进行 *Probit* 回归，计算逆米尔斯比率 *IMR*；然后将 *IMR* 带入原模型重新进行回归。表 5－13 列示了考虑样本自选择问题的回归结果，如表 5－13 结果所示：基于“本所同事”的工作压力指标 *APres_AF* 作为审计师工作压力测度指标，审计师工作压力均增加了可操纵性应计盈余，提高了盈余管理水平，降低了审计质量，结论与前述一致。同样，基于“行业同仁”的工作压力指标 *APres_IN* 的结论也是类似的，说明本章研究结论稳健。

表 5－13　　　　Heckman 两阶段

变量名称	基于“本所同事”的压力指标 *APres_AF*	基于“行业同仁”的压力指标 *APres_IN*
APres	0.002* (1.932)	0.002* (1.829)
IMR	0.010 (0.557)	0.008 (0.489)

续表

变量名称	基于“本所同事”的压力指标 *APres_AF*	基于“行业同仁”的压力指标 *APres_IN*
Size	-0.004*** (-5.102)	-0.004*** (-5.122)
Debt	0.036*** (8.225)	0.036*** (8.263)
Liqt	0.000 (1.189)	0.000 (1.196)
Cash	-0.007*** (-4.504)	-0.007*** (-4.495)
Roe	0.067*** (7.032)	0.067*** (7.038)
Loss	0.033*** (8.198)	0.032*** (8.219)
Soe	-0.008*** (-3.946)	-0.008*** (-3.871)
*Top*1	0.000 (1.643)	0.000* (1.659)
Dual	0.002 (1.405)	0.002 (1.407)
Cost	-0.024* (-1.928)	-0.023* (-1.882)
Supv	0.001 (0.615)	0.001 (0.566)
List	0.000 (1.207)	0.000 (1.269)
*Big*4	-0.049*** (-5.404)	-0.049*** (-5.424)
FTen	0.000 (0.620)	0.000 (0.552)
Fee	-0.000 (-0.107)	-0.000 (-0.106)

续表

变量名称	基于"本所同事"的压力指标 APres_AF	基于"行业同仁"的压力指标 APres_IN
Loc	−0.004** (−2.495)	−0.003** (−2.469)
FChg	0.007** (2.450)	0.007** (2.483)
FImp	0.002 (0.084)	0.003 (0.119)
APTen	−0.001* (−1.942)	−0.001** (−1.986)
LagMAO	0.029*** (6.738)	0.029*** (6.742)
APAge	0.000 (0.333)	0.000 (0.301)
Market	0.001** (2.017)	0.001** (1.969)
截距项	0.143*** (4.368)	0.145*** (4.455)
事务所	控制	控制
年度	控制	控制
行业	控制	控制
调整 R^2	0.081	0.081
样本量	18672	18672

注：***、**和*分别表示在1%、5%和10%的水平上显著。

（2）采用工具变量法予以检验。首先，本章选取以签字审计师所归属会计师事务的人力资源配置结构（*Firm_HR*）、审计师团队的业务集中度（*Team_HHI*）以及当年审计业务团队人数（*Team_dn_num*）作为工具变量，其中 *Firm_HR* 采用事务所的注册会计师人数与当年签字审计师人数的比值测度，*Team_HHI* 采用赫芬达尔指数原理计算审计师团队的业务集中度。表 5－14 报告了工具变量法的回归结果：①第一阶段回归结果中，会计师事务的人力资源配置结构（*Firm_HR*）和当年审计业务团队人数（*Team_dn_num*）均与审计师工作压力（*APres*）具有显著正相关，审计师团队的业务集中度（*Team_HHI*）与审计师工作压力（*APres*）具有显著负相关；②在第二阶段回归结果中，两阶段最小二乘法（2SLS）回归结果显示：基于“本所同事”的工作压力指标 *APres_AF* 作为审计师工作压力测度指标，审计师工作压力显著提高了应计盈余管理水平，降低了审计质量；同样，基于“行业同仁”的工作压力指标 *APres_IN* 的结论也是类似的。③关于工具变量有效性检验表明，*Anderson canon corr LM* 统计量 *P* 值均为 0.000，工具变量识别不足检验显著拒绝原假设，说明不存在识别不足问题，即所选工具变量与内生解释变量相关；*Cragg-Donald F* 统计量均大于 *Stock - Yogo* 的弱工具变量检验临界值，拒绝了弱工具变量假设，说明工具变量选取较为合理；*Sargan* 统计量的结果表明，工具变量也不存在过度识别问题，综合上述，说明本章工具变量的选取合理，研究结论稳健。

表 5-14　　工具变量法

变量名称	一阶段	二阶段（2SLS）	
		基于“本所同事”的工作压力指标 *APres_AF*	基于“行业同仁”的工作压力指标 *APres_IN*
	APres	|*DA*|	|*DA*|
APres		0.003* (1.808)	0.004* (1.808)
Firm_HR	0.327* (1.832)		
Team_HHI	-0.620*** (-5.549)		

续表

变量名称	一阶段	二阶段（2SLS）	
		基于“本所同事”的工作压力指标 *APres_AF*	基于“行业同仁”的工作压力指标 *APres_IN*
	APres	| *DA* |	| *DA* |
Team_dn_num	0.058*** (38.878)		
Size	0.045*** (2.705)	-0.004*** (-5.685)	-0.004*** (-5.690)
Debt	-0.191** (-2.439)	0.037*** (9.977)	0.037*** (9.984)
Liqt	-0.001 (-0.229)	0.000** (1.975)	0.000** (1.998)
Cash	0.029** (2.109)	-0.007*** (-7.226)	-0.007*** (-7.229)
Roe	-0.132 (-0.988)	0.066*** (7.908)	0.066*** (7.913)
Loss	0.047 (0.966)	0.032*** (14.622)	0.032*** (14.621)
Soe	-0.123*** (-4.639)	-0.007*** (-6.253)	-0.007*** (-6.271)
*Top*1	-0.001 (-0.872)	0.000** (2.295)	0.000** (2.320)
Dual	-0.019 (-0.735)	0.002* (1.678)	0.002* (1.659)
Cost	-0.534*** (-3.545)	-0.021** (-2.495)	-0.021** (-2.493)
Supv	0.056** (2.236)	0.000 (0.197)	0.000 (0.193)

续表

变量名称	一阶段	二阶段（2SLS）	
		基于“本所同事”的工作压力指标 *APres_AF*	基于“行业同仁”的工作压力指标 *APres_IN*
	APres	| *DA* |	| *DA* |
List	-0.013*** (-5.635)	0.000*** (3.274)	0.000*** (3.271)
Big4	2.675 (0.024)	-0.053*** (-12.382)	-0.053*** (-12.233)
FTen	0.013*** (4.534)	-0.000 (-0.153)	-0.000 (-0.126)
Fee	-0.038 (-1.381)	-0.000 (-0.218)	-0.000 (-0.219)
Loc	-0.035 (-1.498)	-0.003*** (-3.039)	-0.003*** (-3.042)
FChg	-0.013 (-0.322)	0.007*** (3.649)	0.007*** (3.681)
FImp	-1.109** (-2.137)	0.014 (0.623)	0.014 (0.641)
APTen	0.032*** (6.256)	-0.001*** (-4.543)	-0.001*** (-4.541)
LagMAO	-0.007 (-0.090)	0.029*** (6.504)	0.029*** (6.498)
APAge	0.005** (2.214)	-0.000 (-0.099)	-0.000 (-0.116)
Market	0.008* (1.901)	0.001*** (3.091)	0.001*** (3.083)
截距项	-0.789** (-2.160)	0.152*** (9.403)	0.152*** (9.390)

续表

变量名称	一阶段	二阶段（2SLS）	
		基于“本所同事”的工作压力指标 *APres_AF*	基于“行业同仁”的工作压力指标 *APres_IN*
	APres	|*DA*|	|*DA*|
事务所	控制	控制	控制
年度	控制	控制	控制
行业	控制	控制	控制
伪 R^2/调整 R^2	0.203	0.082	0.082
样本量	18672	18793	18793
工具变量识别不足检验 *Anderson canon corr LM* 统计量（*P* 值）		847.000 (0.000)	943.507 (0.000)
弱工具变量检验 *Cragg-Donald F* 统计量		289.609	323.607
工具变量过度识别检验 *Sargan* 统计量（*P* 值）		2.952 (0.229)	2.108 (0.349)

注：***、** 和 * 分别表示在 1%、5% 和 10% 的水平上显著。

5.4.4　其他稳健测试

为保证研究结论可靠性，本章还进行了如下稳健测试：第一，考虑审计行业政策变化，根据 2012 年底完成的证券资格会计师事务所的特殊普通合伙制改革、2017 年新版审计报告模式改革分别设置政策改革哑变量，纳入模型进行分析。第二，剔除会计师事务所变更样本。第三，考虑到少数上市公司年报存在三位签字审计师，将这类公司的审计师工作压力采用三人的均值量化。第四，考虑替代性解释，通过设置审计师工作压力变量的二次项，检验审计师工作压力与盈余质量之间是否存在 U 形关系。

经过上述稳健测试，研究结论依然成立，限于篇幅，相关实证结果未予列示。

5.5 拓展分析

5.5.1 审计师团队异质性对工作压力个体感知及影响的调节效应

本章引入审计团队，研究审计团队是否会对审计师压力与盈余质量之间的负向影响产生作用。本章选取审计团队专长和审计团队集权程度作为审计团队的调节变量，分别使用 *Team_exp* 和 *Team_cos* 表示，具体定义方法与第 4 章同理，不予赘述。

表 5－15 报告了审计团队的调节效应的回归结果。表 5－15 结果显示：基于“本所同事”的工作压力指标 *APres_AF*，审计团队专长与审计师工作压力的交乘项 $APres \times Team\_exp$ 在 10% 水平上显著为负，审计团队集权程度与审计师工作压力的交乘项 $APres \times Team\_cos$ 在 10% 水平上显著为负；基于“行业同仁”的工作压力指标 *APres_IN* 作为审计师工作压力测度指标，发现结论类似。结果表明，审计团队在审计师工作压力对盈余质量的负面影响中起到了正向调节效应。对此，可能的解释是：根据团队资源观，若审计团队拥有丰富的资源，则有助于提升团队解决问题的能力，专长型团队具备客户公司所属行业的丰富审计经验与专有知识积累优势，拥有更强的解决问题的能力，团队成员能够为签字审计师提供更好的支持，组织支持机制更佳，从而缓解审计师工作压力感知及其影响；业务越集中于少数团队成员手中，意味着团队权力集中度越高，团队资源分配越不均衡，甚至形成

"资源垄断"，这表示团队组织支持机制不佳，越不利于缓解团队成员审计师的工作压力及其影响。

表 5－15　　审计团队的调节效应

变量名称	基于"本所同事"的压力指标 *APres_AF*		基于"行业同仁"的压力指标 *APres_IN*	
	专长型团队	分权型团队	专长型团队	分权型团队
APres	0.001*** (3.350)	0.002*** (2.746)	0.002*** (2.640)	0.002* (1.734)
Team_exp	0.001 (0.771)		0.001 (0.632)	
APres × *Team_exp*	－0.001* (－1.957)		－0.001* (－1.763)	
Team_cos		0.004* (1.779)		0.003* (1.709)
APres × *Team_cos*		－0.002* (－1.810)		－0.002* (－1.728)
Size	－0.004*** (－5.039)	－0.004*** (－5.025)	－0.004*** (－5.038)	－0.004*** (－5.017)
Debt	0.037*** (9.723)	0.037*** (9.743)	0.037*** (9.729)	0.037*** (9.758)
Liqt	0.000 (1.195)	0.000 (1.178)	0.000 (1.204)	0.000 (1.183)
Cash	－0.007*** (－4.689)	－0.007*** (－4.701)	－0.007*** (－4.680)	－0.007*** (－4.700)
Roe	0.066*** (6.826)	0.066*** (6.805)	0.066*** (6.845)	0.066*** (6.812)
Loss	0.032*** (8.078)	0.032*** (8.055)	0.032*** (8.088)	0.032*** (8.066)

续表

变量名称	基于“本所同事”的压力指标 APres_AF		基于“行业同仁”的压力指标 APres_IN	
	专长型团队	分权型团队	专长型团队	分权型团队
Soe	-0.007*** (-5.816)	-0.007*** (-5.810)	-0.007*** (-5.846)	-0.007*** (-5.842)
Top1	0.000* (1.679)	0.000* (1.664)	0.000* (1.688)	0.000* (1.667)
Dual	0.002 (1.409)	0.002 (1.407)	0.002 (1.401)	0.002 (1.399)
Cost	-0.021** (-2.110)	-0.021** (-2.090)	-0.022** (-2.112)	-0.021** (-2.091)
Supv	0.000 (0.425)	0.000 (0.384)	0.000 (0.422)	0.000 (0.385)
List	0.000** (2.149)	0.000** (2.181)	0.000** (2.157)	0.000** (2.173)
Big4	-0.053*** (-11.347)	-0.053*** (-11.427)	-0.053*** (-11.078)	-0.053*** (-11.304)
FTen	-0.000 (-0.039)	-0.000 (-0.108)	-0.000 (-0.024)	-0.000 (-0.083)
Fee	-0.000 (-0.141)	-0.000 (-0.158)	-0.000 (-0.136)	-0.000 (-0.160)
Loc	-0.003*** (-2.691)	-0.003*** (-2.787)	-0.003*** (-2.685)	-0.003*** (-2.782)
FChg	0.007*** (2.602)	0.007** (2.572)	0.007*** (2.616)	0.007*** (2.593)
FImp	0.014 (0.530)	0.013 (0.501)	0.014 (0.532)	0.014 (0.516)

续表

变量名称	基于“本所同事”的压力指标 APres_AF		基于“行业同仁”的压力指标 APres_IN	
	专长型团队	分权型团队	专长型团队	分权型团队
APTen	-0.001*** (-3.602)	-0.001*** (-3.607)	-0.001*** (-3.577)	-0.001*** (-3.598)
LagMAO	0.029*** (6.253)	0.029*** (6.275)	0.029*** (6.248)	0.029*** (6.292)
APAge	-0.000 (-0.009)	-0.000 (0.107)	-0.000 (-0.017)	-0.000 (0.080)
Market	0.001** (2.354)	0.001** (2.378)	0.001** (2.350)	0.001** (2.365)
截距项	0.153*** (7.311)	0.152*** (7.161)	0.153*** (7.391)	0.152*** (7.231)
事务所	控制	控制	控制	控制
年度	控制	控制	控制	控制
行业	控制	控制	控制	控制
调整 R^2	0.082	0.082	0.082	0.082
样本量	18793	18793	18793	18793

注：***、**和*分别表示在1%、5%和10%的水平上显著。

5.5.2　审计师个体异质性对工作压力个体感知及影响的调节效应

首先，基于审计师性别的角度，若公司年度签字审计师两位都为女性时，性别（*Gender*）取值为1，否则为0。其次，基于审计师年龄的角度，设置年龄变量（*Old*），取值为两位签字审计师中年龄较大者，若该数值大于样本年度中值，则 *Old* 取值为1，否则为0。表5-16报告了审计师个人特征对审计师工作压力与盈余质量负相关关系是否存在调节效应的结果。表5-16结果显示：基于“本所同事”的工作压力指标 *APres_AF* 作为审计师工作压力测度指标，审计师压力与审计师性别交乘项 *APres* × *Gender* 为负，但并不显著，审计师压力与审计师年龄交乘项 *APres* × *Old* 为正，也不显著。表明审计师性别和年龄并没有在审计师工作压力与盈余质量的负相关关系中发挥调节效应。

表5-16　　考虑审计师个体异质性

变量名称	基于“本所同事”的压力指标 *APres_AF*		基于“行业同仁”的压力指标 *APres_IN*	
	性别	年龄	性别	年龄
APres	0.002** (2.208)	0.001** (2.242)	0.002* (1.915)	0.001* (1.694)
Gender	0.001 (0.492)		0.000 (0.097)	
APres × *Gender*	-0.001 (-0.450)		-0.000 (-0.052)	
Old		-0.001 (-0.405)		-0.001 (-0.599)
APres × *Old*		0.001 (1.222)		0.002 (1.346)
Size	-0.004*** (-5.053)	-0.004*** (-5.021)	-0.004*** (-5.046)	-0.004*** (-5.019)
Debt	0.037*** (9.753)	0.037*** (9.730)	0.037*** (9.781)	0.037*** (9.741)
Liqt	0.000 (1.169)	0.000 (1.177)	0.000 (1.181)	0.000 (1.182)
Cash	-0.007*** (-4.665)	-0.007*** (-4.698)	-0.007*** (-4.660)	-0.007*** (-4.694)

续表

变量名称	基于“本所同事”的压力指标 APres_AF		基于“行业同仁”的压力指标 APres_IN	
	性别	年龄	性别	年龄
Roe	0.066*** (6.847)	0.066*** (6.838)	0.066*** (6.860)	0.066*** (6.836)
Loss	0.032*** (8.070)	0.032*** (8.121)	0.032*** (8.075)	0.032*** (8.121)
Soe	-0.007*** (-5.786)	-0.007*** (-5.854)	-0.007*** (-5.829)	-0.007*** (-5.887)
*Top*1	0.000* (1.679)	0.000* (1.672)	0.000* (1.693)	0.000* (1.677)
Dual	0.002 (1.408)	0.002 (1.417)	0.002 (1.400)	0.002 (1.418)
Cost	-0.021** (-2.087)	-0.021** (-2.090)	-0.021** (-2.085)	-0.021** (-2.090)
Supv	0.000 (0.434)	0.000 (0.391)	0.000 (0.421)	0.000 (0.378)
List	0.000** (2.125)	0.000** (2.129)	0.000** (2.122)	0.000** (2.129)
*Big*4	-0.053*** (-11.537)	-0.053*** (-11.357)	-0.053*** (-11.373)	-0.053*** (-11.140)
FTen	-0.000 (-0.034)	-0.000 (-0.029)	-0.000 (-0.015)	-0.000 (-0.012)
Fee	-0.000 (-0.164)	-0.000 (-0.166)	-0.000 (-0.166)	-0.000 (-0.171)
Loc	-0.003*** (-2.765)	-0.003*** (-2.795)	-0.003*** (-2.762)	-0.003*** (-2.801)

续表

变量名称	基于“本所同事”的压力指标 APres_AF		基于“行业同仁”的压力指标 APres_IN	
	性别	年龄	性别	年龄
FChg	0.007** (2.576)	0.007*** (2.584)	0.007*** (2.605)	0.007*** (2.609)
FImp	0.013 (0.516)	0.013 (0.506)	0.013 (0.520)	0.013 (0.510)
APTen	-0.001*** (-3.677)	-0.001*** (-3.603)	-0.001*** (-3.642)	-0.001*** (-3.589)
LagMAO	0.029*** (6.261)	0.029*** (6.324)	0.029*** (6.247)	0.029*** (6.329)
Market	0.001** (2.361)	0.001** (2.351)	0.001** (2.347)	0.001** (2.351)
截距项	0.154*** (7.275)	0.157*** (7.349)	0.154*** (7.332)	0.157*** (7.398)
事务所	控制	控制	控制	控制
年度	控制	控制	控制	控制
行业	控制	控制	控制	控制
调整 R^2	0.082	0.082	0.082	0.082
样本量	18793	18793	18793	18793

注：***、**和*分别表示在1%、5%和10%的水平上显著。

5.5.3 客户公司异质性对工作压力个体感知及影响的调节效应

（1）新客户。审计是经验性很强的职业活动，事务所或是审计师行业专长通常需要经过大量的审计工作经验积累才能形成，审计师审计能力的提升也有赖于丰富的审计实践经验。因此，不论是对个体审计师，还是对会计师事务所整体而言，面对新客户时，他们往往需要重新了解被审客户，在此过程中，审计的初始成本会相当之高，也更容易出现审计失败问题。因此，相比于老客户，新客户往往带给审计师更多的审计工作量，面对新客户，其审计质量可能更低。为检验这一假设，本章将同时满足签字审计师初次审计和事务所任期为第 1 年的客户公司界定为“新客户”，且 *New_client* 取值 1，否则取 0。

表 5 - 17 报告了新客户的回归结果。表 5 - 17 结果显示：以可操纵性应计盈余绝对值（$|DA|$）作为盈余质量的度量指标，“本所同事”的工作压力指标的回归系数在 5% 的水平显著为正，“行业同仁”的工作压力指标 *APres_IN* 的回归系数在 5% 的水平显著为正，符合前述关于工作压力对盈余质量负向影响的结论；*New_client* 的系数至少在 5% 水平上显著为正，也印证了新客户盈余质量较差的观点；对于新客户（*New_client*）与审计师压力（*APres_AF* 和 *APres_IN*）交乘项 *APres* × *New_client* 系数虽为正却并不显著。无法给出新客户加重审计师压力感知影响的结论。

表 5 - 17　　　　区分客户类型

变量名称	基于“本所同事”的压力指标 *APres_AF*	基于“行业同仁”的压力指标 *APres_IN*
APres	0.000** (2.480)	0.000** (2.380)
New_client	0.009** (2.283)	0.009*** (2.751)
APres × *New_client*	0.000 (0.383)	0.000 (0.734)
Size	-0.004*** (-5.026)	-0.004*** (-5.039)

续表

变量名称	基于“本所同事”的压力指标 APres_AF	基于“行业同仁”的压力指标 APres_IN
Debt	0.037*** (9.861)	0.037*** (9.864)
Liqt	0.000 (1.206)	0.000 (1.202)
Cash	-0.007*** (-4.682)	-0.007*** (-4.681)
Roe	0.066*** (6.789)	0.066*** (6.790)
Loss	0.032*** (7.986)	0.032*** (7.997)
Soe	-0.007*** (-5.942)	-0.007*** (-5.948)
*Top*1	0.000* (1.704)	0.000* (1.705)
Dual	0.002 (1.417)	0.002 (1.417)
Cost	-0.021** (-2.104)	-0.021** (-2.105)
Supv	0.000 (0.376)	0.000 (0.377)
List	0.000** (2.081)	0.000** (2.082)
*Big*4	-0.052*** (-11.073)	-0.052*** (-10.995)
FTen	-0.000 (-0.083)	-0.000 (-0.081)

续表

变量名称	基于“本所同事”的压力指标 APres_AF	基于“行业同仁”的压力指标 APres_IN
Fee	-0.000 (-0.212)	-0.000 (-0.209)
Loc	-0.003 *** (-2.658)	-0.003 *** (-2.661)
FChg	0.000 (0.125)	0.000 (0.128)
FImp	0.014 (0.538)	0.014 (0.543)
APTen	-0.001 *** (-3.493)	-0.001 *** (-3.490)
LagMAO	0.029 *** (6.307)	0.029 *** (6.325)
APAge	0.000 (0.017)	0.000 (0.017)
Market	0.001 ** (2.326)	0.001 ** (2.327)
截距项	0.156 *** (7.446)	0.156 *** (7.489)
事务所	控制	控制
年度	控制	控制
行业	控制	控制
调整 R^2	0.082	0.082
样本量	18793	18793

注：***、** 和 * 分别表示在 1%、5% 和 10% 的水平上显著。

（2）高风险客户。一方面，净资产收益率（*ROE*）是标志着公司盈利能力的一项极其重要的指标，同时该指标也是吸引投资者进行投资的关键因素。另一方面，营业收入是公司已消耗价值的补偿和新创造价值实现的根本源泉，营业收入的实现在一定程度上能够表明公司的经营成果和经济绩效。因此，营业收入也是评价公司经营效果的重要指标。本章使用净资产收益率（*ROE*）和总营业收入的连续5年的标准差对公司的风险程度进行度量，净资产收益率（*ROE*）和总经营收入的连续5年的标准差表示为 *Sd_roe* 和 *Sd_income*，当 *Sd_roe* 和 *Sd_income* 同时高于其平均值时，*Risk* 被赋值为1，否则为0。

表5-18报告了高风险客户的回归结果。表5-18结果显示：基于"本所同事"的工作压力指标 *APres_AF*，客户公司的风险程度与审计师工作压力的交乘项 *APres × Risk* 在5%水平上显著为正；基于"行业同仁"的工作压力指标 *APres_IN*，客户公司的风险程度与审计师工作压力的交乘项在1%水平上显著为正。此结果表明客户公司风险过高会加剧签字审计师的压力感知，从而降低签字审计师的执业水平的发挥，使得审计师工作压力对盈余质量的负面影响更加严重。对于这一结论给出的解释为：现代风险导向型审计要求签字审计师要进行职业判断，这对签字审计师的要求十分之高，因为大量的信息需要依靠签字审计师进行主观判断，能够进行客观评价的工具也相对紧缺，更重要的是风险导向审计要求签字审计师在实施风险评估程序时，要具备与审计相关的综合知识和能力，这对签字审计师而言也是一大压力。因此，在面对高风险客户时，签字审计师需要特别关注的风险点也会更多，相应的审计工作量也会增多，签字审计师的压力感知则会变得更加强烈。

表 5-18　　区分客户风险

变量名称	基于“本所同事”的压力指标 *APres_AF*	基于“行业同仁”的压力指标 *APres_IN*
APres	0.001 (1.612)	0.001 (1.329)
Risk	0.007 (1.438)	0.004 (1.075)
APres × *Risk*	0.007** (2.036)	0.012*** (3.317)
Size	-0.005*** (-5.664)	-0.005*** (-5.677)
Debt	0.035*** (9.258)	0.035*** (9.336)
Liqt	0.000 (0.885)	0.000 (0.892)
Cash	-0.007*** (-4.697)	-0.007*** (-4.691)
Roe	0.064*** (7.246)	0.064*** (7.273)
Loss	0.030*** (7.960)	0.030*** (7.962)
Soe	-0.007*** (-5.825)	-0.007*** (-5.849)
*Top*1	0.000 (1.289)	0.000 (1.277)
Dual	0.002 (1.351)	0.002 (1.365)
Cost	-0.019* (-1.869)	-0.019* (-1.870)
Supv	0.000 (0.209)	0.000 (0.182)
List	0.000* (1.811)	0.000* (1.789)

续表

变量名称	基于"本所同事"的压力指标 APres_AF	基于"行业同仁"的压力指标 APres_IN
Big4	-0.051*** (-11.178)	-0.051*** (-11.077)
FTen	0.000 (0.059)	0.000 (0.076)
Fee	-0.001 (-0.598)	-0.001 (-0.585)
Loc	-0.003** (-2.510)	-0.003** (-2.518)
FChg	0.007** (2.547)	0.007*** (2.580)
FImp	0.005 (0.187)	0.005 (0.198)
APTen	-0.001*** (-3.580)	-0.001*** (-3.569)
LagMAO	0.029*** (6.393)	0.029*** (6.409)
APAge	-0.000 (-0.238)	-0.000 (-0.277)
Market	0.001** (2.417)	0.001** (2.430)
截距项	0.179*** (8.425)	0.179*** (8.475)
事务所	控制	控制
年度	控制	控制
行业	控制	控制
调整 R^2	0.086	0.086
样本量	18793	18793

注：***、** 和 * 分别表示在 1%、5% 和 10% 的水平上显著。

5.6　本章小结

本章基于组织支持的视角，采用我国上市公司数据，考察审计师工作压力对盈余质量的影响。研究发现：（1）在公司年报审计“忙季”，相比“本所同事”或“行业同仁”，签字审计师负载的“超额”工作量越大，个体感知的工作压力越大，降低了被审计客户公司盈余质量；（2）纳入会计师事务所作为正式组织的支持机制，发现事务所人力资源配置越充沛、事务所具备行业专长优势，事务所组织支持机制更佳并且有效缓解了审计师工作压力感知及其负面影响，但越严格的事务所质控机制加剧了审计师工作压力的负面影响；在考虑内生问题、关键指标量化等一系列稳健测试之后，上述结论依然成立。此外，拓展研究发现，具备专有经验聚集效应、分权型的审计师业务团队能够均衡配置人力资源，有效缓解了审计师工作压力感知及其对盈余质量的负面影响；审计师个体异质性、客户公司特征等因素也会影响审计师工作压力感知及其对客户公司盈余质量的影响。总之，本章通过理论分析与实证检验，厘清了审计师工作压力影响客户公司盈余质量的作用机理，揭示了会计师事务所组织支持机制的调节效应，为投资者及社会公众解读审计师行为及执业质量提供了新的理论依据与经验证据。

第6章 审计师工作压力与财务重述的实证研究

6.1 理论分析与假设提出

6.1.1 审计师工作压力与财务重述

已有研究表明，工作压力会影响工作效率。对于审计师而言，工作负荷压力与时间压力是审计师的主要工作压力源，工作压力会在一定程度上影响审计质量。通常，经过审计的财务报告发生财务重述行为，意味着财务报告信息质量较低。那么，审计师工作压力如何影响客户公司的财务重述行为？

一方面，工作压力导致职业倦怠。Sweeney & Summers（2002）研究发现，审计师在公司年报审计业务忙季，每周的工作时间平均可达63小时，容易导致审计师长时间超负荷工作，这会对审计师的身心健康产生负面影响，使其在工作中感到焦虑、疲倦，进而导致职业倦怠，并在一定程度上降低审计效率，降低审计师发现客户公司财务报告中存在的错报、漏报或误报行为，进而导致公司财务报告经过审计鉴证并对外披露之后发生财务重述行为。另一方面，时间压力。在公司年报审计忙季，审计师的工作时间预算往往十分紧张，时间限制与工作质量要求之间可能产生冲突。那么，审计师为了在短时间内完成任务，可能为了节约时间而压缩审计程序，导致无法收集充分的审计证据，导致审计判断误差增加，降低审计判断效率，增加客户公司财务报告发生财务重述的可能。由此提出假设6－1。

假设6－1：限定其他条件，相比“本所同事”或“行业同仁”，审计师工作压力越大，客户公司发生财务重述的概率越大。

6.1.2 事务所组织支持机制对工作压力个体感知及其影响的调节效应

（1）事务所组织支持机制之人力资源配置。人力及智力资本作为会计事务所的重要资源，在事务所的经营发展中占有重要地位。在人力资本结构方面，事务所人力资源的充足性直接决定着工作人员数量能够满足项目审计师的需要。换言之，只有审计师拥有足够的可支配工作人员，“人手”才不会受到限制。在智力资本结构方面，工作人员的经验越丰富能力越强，或是接受教育水平越高，越有利于推动生产力以及提升工作绩效，审计工作亦如此。综上分析，项目签字审计师归属的会计师事务所拥有良好的人力及智力资源时，有助于缓解审计师的工作压力感知，降低工作压力对财务重述的影响，由此提出假设6－2a。

假设6－2a：限定其他条件，事务所人力资源配置越充沛，越有利于缓解审计师工作压力与客户公司财务重述之间的正相关关系。

（2）事务所组织支持机制之行业专长。会计师事务所在某一行业持续进行审计技术开发、人力与治理资本投资，就能逐渐积累丰富的行业审计经验，逐渐形成行业专长。那么，拥有行业专长的事务所可能从两个方面调节审计师工作压力与财务重述之关系：第一，当事务所的行业专长水平较高时，事务所内部审计师之间可以共享这些行业专长审计经验，这能够帮助审计师熟悉客户公司行业特点，准确发现并指出财务报表中存在的重大问题，从而有利于提高客户公司财务信息披露的质量，降低财务重述行为发生概率。第二，当事务所的行业专长水平较高时，有助于提高审计师团队工作效率，达到“事半功倍”的效果，通过缓解时间限制及工作量负荷产生的压力感知，降低工作压力对审计效率的不利影响，由此提出假设6－2b。

假设6－2b：限定其他条件，事务所具备行业专长时，越有利于缓解审计师工作压力与客户公司财务重述之间的正相关关系。

（3）事务所组织支持机制之质控机制。通常，会计事务所的质控机制包括对业务质量的管控、员工工作支持及行为约束机制等方面。质控机制越严格的事务所，对审计师的业务流程要求更高，各阶段审计程序实施更加严格。那么，在这种高质量要求的管理模式下，审计师会长期处于高度紧张的状态，个体压力感知也会随着工作要求的提高相应增加。简言之，事务所的质控机制越严格，审计师对工作压力的感知与反应程度越高，从而加剧了工作压力所产生的消极影响，由此提出假设6－2c。

假设6－2c：限定其他条件，事务所质控机制越严格，会加强审计师工作压力与客户公司财务重述之间的正相关关系。

6.2　变量界定与模型构建

6.2.1　变量界定

（1）财务重述。本章借鉴已有的研究，对财务重述（*Res*）的定义为：如果公司当年发生涉及收入、利润等核心项目的财务重述，则虚拟变量 *Res* 取值为 1，否则为 0。

（2）审计师工作压力。与第 4 章同理，不予赘述。

（3）事务所组织支持机制。①人力资源配置，与第 4 章同理，不予赘述。②行业专长，与第 4 章同理，不予赘述。③质控机制，与第 4 章同理，不予赘述。

（4）控制变量。为控制公司财务重述的影响因素，借鉴已有研究经验，①公司特征层面，控制了公司规模（*Size*）、财务状况（*Debt*）、现金流状况（*Cash*）、存货比率（*Inv*）、盈利能力（*Roe*）、账面市值比（*Mb*）、董事会持股（*Board*）、独董比例（*Indp*）、经营状况（*Loss*）、监督机构（*Supv*）、上市年数（*List*）；②会计师事务所特征层面，包括事务所规模（*Big*4）、事务所任期（*FTen*）、客户数量（*FNum*）、客户重要性（*FImp*/*FImn*）、从业人数（*StfNum*）；③签字审计师特征层面，包括审计师任期（*APTen*）、上期审计师的审计意见类型（*LagMAO*）、审计师年龄（*APAge*）。除此之外，控制了公司注册地的市场中介组织的发育和法治环境（*Marketlaw*），该变量包括市场中介组织发育程度和法治环境指数，而前文所用变量 *Market* 仅指市场中介组织发育程度，两者存在区别；同时控制会计师事务所、年度和行业层面的固定效应，具体变量定义和说明见表6－1。

表6－1　　变量定义和说明

变量类别	变量名称	变量标识	说　明
被解释变量	财务重述	*Res*	公司当年发生涉及核心项目的财务重述取值1，否则为0
解释变量	工作量压力	*APres_AF*	以“本所同事”作为参照对象的测度指标
		APres_IN	以“行业同仁”作为参照对象的测度指标
	事务所组织支持机制	*AFirm_hq*	人力资源配置
		AFirm_exp	行业专长
		AFirm_qc	质控机制
控制变量	公司规模	*Size*	公司年末总资产的自然对数
	财务状况	*Debt*	公司年末负债与年末总资产的比值
	现金流状况	*Cash*	公司每股经营活动产生的现金净流量
	存货比率	*Inv*	公司年末存货与营业收入的比值
	盈利能力	*Roe*	公司净资产收益率，税后利润与所有者权益比值
	账面市值比	*Mb*	资产总计/A股×今收盘价A股当期值＋境内上市的外资股B股×今收盘价B股当期值×（所有者权益合计期末值/实收资本本期期末值）＋负债合计本期期末值
	董事会持股	*Board*	董事会持股数量与股本总数的比值
	独董比例	*Indp*	董事会成员中独立董事所占比例
	经营状况	*Loss*	公司发生亏损时取1，否则为0
	监督机构	*Supv*	四委设立个数
	上市年数	*List*	公司上市总年数
	事务所规模	*Big4*	国际四大事务所取值为1，否则为0
	事务所任期	*FTen*	事务所累计为公司提供年报审计的年数
	客户数量	*FNum*	事务所当年审计上市公司客户总数

续表

变量类别	变量名称	变量标识	说　　明
控制变量	客户重要性	*FImp*	客户公司总资产占事务所当年审计客户资产合计的比值
		FImn	客户公司审计数量占事务所审计所有客户数量的比值
	从业人数	*StfNum*	事务所当年从业的人数
	审计师任期	*APTen*	审计师累计审计年数，取两位审计师较大值
	上期审计意见	*LagMAO*	公司上期审计意见为非标意见取值 1，否则为 0
	审计师年龄	*APAge*	两位审计师年龄均值
	公司注册地的市场中介组织的发育和法治环境	*Marketlaw*	根据王小鲁等（2018）市场化指数的子指数 - 地区市场中介组织的发育程度指标和法治环境指数
	事务所固定效应	*AudFirm*	会计师事务所虚拟变量
	年度固定效应	*Year*	年度虚拟变量
	行业固定效应	*Ind*	行业虚拟变量

6.2.2　模型构建

（1）为了检验审计师工作压力对财务重述的影响，借鉴马晨等（2012）的研究经验，构建模型（6 - 1），采用 *Logit* 回归模型进行检验，下同：

$$Res = a_0 + a_1 APres + \sum Controls + \sum AudFirm + \sum Year + \sum Ind + e \tag{6-1}$$

在上述模型中，被解释变量是财务重述（*Res*）；主要解释变量（*APres*）分别采用以“本所同事”作为参照对象的测度指标（*APres_AF*）、以“行业同仁”作为参照对象的测度指标（*APres_IN*）进行测度；*Controls* 表示影响审计意见决策的控制变量组合，包括公司特征和会计师事务所特征及签字审计师特征等；*AudFirm* 表示会计师事务所虚拟变量；*Year* 表示年度虚拟变量；*Ind* 表示行业虚拟变量。

（2）为了检验会计师事务所作为正式组织的支持机制对审计师工作压力与财务重述之间关系的调节效应，构建模型（6－2）：

$$Res = a_0 + a_1 APres + a_2 AFirm + a_3 APres \times AFirm + \sum Controls + \sum AudFirm + \sum Year + \sum Ind + e \qquad (6-2)$$

在上述模型中，调节变量是会计师事务所组织支持机制（*AFirm*），分别采用事务所人力资源配置（*AFirm_hq*）、行业专长（*AFirm_exp*）以及质控机制（*AFirm_qc*）进行测度，其他变量同模型（6－1）。

6.3 实证分析

6.3.1 研究样本与数据来源

本章选取 2009 年至 2018 年我国沪、深 A 股上市公司作为初始研究样本，遵照已有研究惯例进行样本筛选，剔除：原始数据库中包含的公司 IPO 之前年度观测值，行业性质特殊的金融保险类公司观测值，因上市首年或其他原因缺失上期审计意见及其他变量数据缺失的公司观测值，被 ST 处理的公司观测值及缺失签字审计师个人信息的公司观测值。最终获得样本观测值 21440

个。公司财务数据主要来自 CSMAR 数据库，财务重述数据主要通过对公司年报及重述公告手工搜集得到，审计师个人信息数据主要依据中国注册会计师协会信息管理系统及巨潮资讯网站进行手工收集、整理获得，并且逐一修正审计师姓名错误、重名等情形。此外，为了缓解研究模型中变量极端值的干扰，对所有连续变量进行首尾 1% 分位的缩尾处理。

6.3.2　描述性统计分析

表 6-2 给出了主要变量的描述性统计结果。第一，在财务重述方面，我国上市公司发生财务重述现象的均值为 0.029，标准差为 0.167，表明约有 2.9% 的样本公司存在财务重述的行为；第二，审计师工作压力指标 *APres_AF* 的均值为 1.517，标准差为 0.673，最大值为 3.620，最小值为 0.477，另一指标 *APres_IN* 的均值为 1.156，标准差为 0.592，最大值为 3.098，最小值为 0.338，由此可见，审计师的工作压力个体之间差异较大；第三，控制变量方面，公司规模（*Size*）、财务状况（*Debt*）等控制变量的分布情况与已有相关研究基本一致，样本数据分布较为合理。

表 6-2　　主要变量描述性统计

变量	样本量	均值	标准差	最小值	1/4 分位数	中位数	3/4 分位数	最大值
Res	21440	0.029	0.167	0	0	0	0	1
APres_AF	21440	1.517	0.673	0.477	1.014	1.427	1.900	3.620
APres_IN	21440	1.156	0.592	0.338	0.711	1.043	1.488	3.098
Size	21440	22.104	1.268	19.750	21.186	21.929	22.828	26.008
Debt	21440	0.433	0.209	0.051	0.266	0.428	0.592	0.887

续表

变量	样本量	均值	标准差	最小值	1/4 分位数	中位数	3/4 分位数	最大值
Cash	21440	0.385	0.818	-2.303	0.019	0.280	0.672	3.726
Inv	21440	0.403	0.715	0	0.104	0.193	0.361	4.668
Roe	21440	0.070	0.113	-0.513	0.031	0.072	0.121	0.355
Mb	21440	0.938	0.937	0.094	0.367	0.627	1.120	5.378
Board	21440	0.118	0.188	0	0	0.001	0.202	0.667
Indp	21440	0.373	0.053	0.333	0.333	0.333	0.429	0.571
Loss	21440	0.018	0.131	0	0	0	0	1
Supv	21440	3.868	0.425	0	4	4	4	4
List	21440	9.869	6.785	0	4	9	16	28
Big4	21440	0.055	0.227	0	0	0	0	1
FTen	21440	6.655	5.240	1	3	5	9	27
FNum	21440	185.661	155.024	9	51	139	315	576
FImp	21440	0.013	0.0270	0	0.001	0.003	0.011	0.177
FImn	21440	0.014	0.018	0.002	0.003	0.007	0.020	0.111
StfNum	21440	3319	2762	140	994	2412	5139	8986
APTen	21440	3.871	2.516	1	2	3	5	17
LagMAO	21440	0.021	0.142	0	0	0	0	1
APAge	21440	41.149	4.888	27	37.500	41	44	65.500
Marketlaw	21440	9.197	4.576	-0.700	5.190	9.130	13.230	16.940

6.3.3 多元回归分析

（1）审计师工作压力对财务报告重述的影响。表 6-3 给出了审计师工作压力与财务报告重述的多元回归结果。针对假设 6-1，表 6-3 第 2 列至第 3 列显示了回归分析的结果。以财务重述（*Res*）为被解释变量，首先，纳入基于“本所同事”的工

作压力指标 *APres_AF* 以及控制变量进行回归分析，*APres_AF* 的回归系数在 5% 的统计水平上显著为正；其次，将工作压力指标替换为以“行业同仁”作为参照对象的测度指标 *APres_IN* 进行回归分析，其系数也在 5% 的水平显著为正，这充分说明工作压力与财务重述存在显著正相关的关系，支持假设 6 - 1。

表 6 - 3　　审计师工作压力对财务重述的影响

变量名称	基于“本所同事”的压力指标 *APres_AF*	基于“行业同仁”的压力指标 *APres_IN*
APres	0. 158 ** (2. 161)	0. 219 ** (2. 245)
Size	0. 069 (0. 982)	0. 069 (0. 981)
Debt	0. 513 (1. 569)	0. 516 (1. 580)
Cash	- 0. 207 *** (- 2. 664)	- 0. 207 *** (- 2. 661)
Inv	- 0. 099 (- 1. 460)	- 0. 098 (- 1. 452)
Roe	- 1. 173 *** (- 3. 102)	- 1. 169 *** (- 3. 089)
Mb	0. 012 (0. 135)	0. 013 (0. 140)
Board	0. 152 (0. 317)	0. 153 (0. 319)
Indp	0. 575 (0. 686)	0. 574 (0. 688)
Loss	0. 263 (0. 769)	0. 265 (0. 773)

续表

变量名称	基于“本所同事”的压力指标 *APres_AF*	基于“行业同仁”的压力指标 *APres_IN*
Supv	0.105 (0.622)	0.105 (0.619)
List	0.014 (1.157)	0.014 (1.169)
Big4	-9.376*** (-7.633)	-9.344*** (-7.537)
FTen	-0.057*** (-3.775)	-0.057*** (-3.781)
FNum	0.002 (0.992)	0.001 (0.903)
FImp	-0.198 (-0.087)	-0.190 (-0.084)
FImn	3.401 (0.519)	3.471 (0.528)
StfNum	-0.000* (-1.817)	-0.000* (-1.819)
APTen	0.035 (1.135)	0.035 (1.135)
LagMAO	0.637*** (3.635)	0.637*** (3.631)
APAge	0.026*** (2.587)	0.026** (2.573)
Marketlaw	-0.043*** (-3.644)	-0.043*** (-3.651)
截距项	-6.888*** (-4.840)	-6.920*** (-4.826)

续表

变量名称	基于"本所同事"的压力指标 *APres_AF*	基于"行业同仁"的压力指标 *APres_IN*
事务所	控制	控制
年度	控制	控制
行业	控制	控制
伪 R^2	0.083	0.083
样本量	21440	21440

注：***、**和*分别表示在1%、5%和10%的水平上显著。

（2）事务所组织支持机制的调节效应。针对假设6-2a、假设6-2b及假设6-2c中关于事务所组织支持机制对工作压力与财务重述两者关系的调节效应的分析，表6-4第2列至第7列报告了多元回归分析的结果。

表6-4　会计师事务所组织支持机制的调节效应

变量名称	基于"本所同事"的压力指标 *APres_AF*			基于"行业同仁"的压力指标 *APres_IN*		
APres	0.211*** (2.740)	0.240*** (3.628)	0.099* (1.690)	0.285*** (2.845)	0.372*** (4.208)	0.147* (1.840)
AFirm_hq	0.637** (2.435)			0.602** (2.345)		
APres × *AFirm_hq*	-0.546*** (-3.085)			-0.701*** (-3.970)		
AFirm_exp		0.372* (1.824)			0.531*** (2.841)	
APres × *AFirm_exp*		-0.365** (-2.410)			-0.593*** (-3.575)	
AFirm_qc			-0.0180 (-0.138)			-0.00300 (-0.026)

续表

变量名称	基于“本所同事”的压力指标 APres_AF			基于“行业同仁”的压力指标 APres_IN		
APres × AFirm_qc			0.222** (2.392)			0.287** (2.462)
Size	0.071 (1.032)	0.070 (1.005)	0.067 (0.975)	0.072 (1.032)	0.068 (0.992)	0.067 (0.975)
Debt	0.506 (1.554)	0.515 (1.593)	0.508 (1.543)	0.504 (1.550)	0.524 (1.629)	0.511 (1.553)
Cash	-0.207*** (-2.666)	-0.203** (-2.556)	-0.207*** (-2.613)	-0.207*** (-2.659)	-0.202** (-2.542)	-0.207*** (-2.607)
Inv	-0.095 (-1.386)	-0.100 (-1.429)	-0.102 (-1.471)	-0.094 (-1.378)	-0.100 (-1.435)	-0.101 (-1.465)
Roe	-1.169*** (-3.053)	-1.172*** (-3.096)	-1.163*** (-3.004)	-1.162*** (-3.030)	-1.170*** (-3.089)	-1.162*** (-2.995)
Mb	0.012 (0.137)	0.013 (0.146)	0.013 (0.145)	0.013 (0.143)	0.012 (0.130)	0.014 (0.159)
Board	0.154 (0.319)	0.144 (0.301)	0.158 (0.328)	0.155 (0.323)	0.141 (0.294)	0.160 (0.333)
Indp	0.550 (0.668)	0.601 (0.705)	0.563 (0.681)	0.546 (0.662)	0.599 (0.699)	0.556 (0.673)
Loss	0.265 (0.771)	0.247 (0.702)	0.260 (0.744)	0.270 (0.780)	0.241 (0.685)	0.260 (0.742)
Supv	0.104 (0.618)	0.105 (0.623)	0.106 (0.629)	0.105 (0.623)	0.106 (0.630)	0.106 (0.629)
List	0.013 (1.110)	0.013 (1.135)	0.014 (1.179)	0.013 (1.121)	0.013 (1.157)	0.014 (1.187)
Big4	-9.378*** (-7.587)	-9.322*** (-7.567)	-8.423*** (-6.923)	-9.334*** (-7.473)	-9.251*** (-7.439)	-8.410*** (-6.902)
FTen	-0.056*** (-3.707)	-0.057*** (-3.807)	-0.058*** (-3.779)	-0.056*** (-3.691)	-0.058*** (-3.868)	-0.058*** (-3.790)

续表

变量名称	基于“本所同事”的压力指标 *APres_AF*			基于“行业同仁”的压力指标 *APres_IN*		
FNum	0.002 (0.986)	0.002 (1.014)	0.001 (0.764)	0.001 (0.861)	0.002 (0.977)	0.001 (0.636)
FImp	-0.112 (-0.049)	-0.123 (-0.055)	-0.173 (-0.075)	-0.117 (-0.051)	-0.103 (-0.045)	-0.177 (-0.078)
FImn	3.275 (0.499)	3.562 (0.549)	3.473 (0.507)	3.295 (0.491)	3.869 (0.591)	3.623 (0.525)
StfNum	-0.000* (-1.809)	-0.000* (-1.833)	-0.000* (-1.721)	-0.000* (-1.746)	-0.000* (-1.885)	-0.000* (-1.737)
APTen	0.035 (1.135)	0.036 (1.143)	0.037 (1.217)	0.035 (1.139)	0.037 (1.172)	0.037 (1.212)
LagMAO	0.642*** (3.652)	0.645*** (3.709)	0.636*** (3.534)	0.644*** (3.642)	0.649*** (3.757)	0.638*** (3.549)
APAge	0.026*** (2.601)	0.026** (2.546)	0.026*** (2.611)	0.026*** (2.614)	0.025** (2.502)	0.026*** (2.577)
Marketlaw	-0.043*** (-3.629)	-0.042*** (-3.560)	-0.042*** (-3.668)	-0.043*** (-3.612)	-0.042*** (-3.503)	-0.042*** (-3.667)
截距项	-7.010*** (-4.979)	-7.101*** (-5.139)	-6.894*** (-4.786)	-7.067*** (-4.969)	-7.197*** (-5.165)	-6.919*** (-4.794)
事务所	控制	控制	控制	控制	控制	控制
年度	控制	控制	控制	控制	控制	控制
行业	控制	控制	控制	控制	控制	控制
伪 R^2	0.084	0.085	0.085	0.085	0.086	0.085
样本量	21440	21440	21440	21440	21440	21440

注：***、**和*分别表示在1%、5%和10%的水平上显著。

①事务所的人力资源配置。在前文基础上，纳入事务所人力资源配置（*AFirm_hq*）、工作压力与人力资源配置的交乘项（*APres* ×

AFirm_hq）进行回归分析，交乘项 *APres*×*AFirm_hq* 的系数均在 1% 的水平上显著为负，这表明事务所人力资源配置水平越高，能够缓解工作压力对财务重述的正向关系，假设 6－2a 得到验证。

②事务所的行业专长。纳入事务所行业专长 *AFirm_exp* 并分析其调节效应，结果显示交乘项 *APres*×*AFirm_exp* 的系数在 5% 的水平上显著为负，说明事务所行业专长能够缓解工作压力对财务重述的影响，假设 6－2b 得到验证。

③事务所的质控机制。纳入事务所质控机制因素的分析结果显示，交乘项 *APres*×*AFirm_qc* 的系数在 5% 的统计水平显著为正，说明事务所质控机制越严格，工作压力对财务重述的影响越强，从而验证本章的假设 6－2c。

6.4 稳健性分析

6.4.1 考虑审计师工作压力的替代测试

考虑审计师工作压力指标的替代测度，与第 4 章同理，不予赘述。回归分析结果如表 6－5、表 6－6 所示。

表 6－5 考虑审计师工作压力指标的替代测度（假设 6－1）

变量名称	基于“本所同事”的压力指标 *APres_AF*	基于“行业同仁”的压力指标 *APres_IN*
APres	0.004** (2.270)	0.004** (2.359)
Size	0.069 (0.985)	0.069 (0.979)

续表

变量名称	基于“本所同事”的压力指标 APres_AF	基于“行业同仁”的压力指标 APres_IN
Debt	0.512 (1.567)	0.514 (1.574)
Cash	-0.207*** (-2.662)	-0.208*** (-2.661)
Inv	-0.098 (-1.450)	-0.098 (-1.457)
Roe	-1.174*** (-3.106)	-1.171*** (-3.094)
Mb	0.013 (0.138)	0.013 (0.143)
Board	0.150 (0.314)	0.149 (0.311)
Indp	0.574 (0.688)	0.579 (0.694)
Loss	0.264 (0.772)	0.264 (0.771)
Supv	0.104 (0.618)	0.104 (0.617)
List	0.014 (1.164)	0.014 (1.167)
Big4	-9.366*** (-7.604)	-9.348*** (-7.574)
FTen	-0.057*** (-3.781)	-0.057*** (-3.786)
FNum	0.002 (0.963)	0.001 (0.895)
FImp	-0.198 (-0.087)	-0.199 (-0.087)
FImn	3.333 (0.507)	3.538 (0.539)

续表

变量名称	基于“本所同事”的压力指标 *APres_AF*	基于“行业同仁”的压力指标 *APres_IN*
StfNum	-0.000* (-1.838)	-0.000* (-1.831)
APTen	0.035 (1.129)	0.035 (1.130)
LagMAO	0.638*** (3.641)	0.638*** (3.640)
APAge	0.026** (2.573)	0.026** (2.564)
Marketlaw	-0.043*** (-3.647)	-0.043*** (-3.654)
截距项	-6.736*** (-4.742)	-6.699*** (-4.715)
事务所	控制	控制
年度	控制	控制
行业	控制	控制
伪 R^2	0.083	0.083
样本量	21440	21440

注：***、**和*分别表示在1%、5%和10%的水平上显著。

表6-6　　考虑审计师工作压力指标的替代测度

(假设6-2)

变量名称	基于“本所同事”的压力指标 *APres_AF*			基于“行业同仁”的压力指标 *APres_IN*		
APres	0.005*** (2.882)	0.006*** (3.909)	0.003* (1.774)	0.005*** (2.895)	0.006*** (4.271)	0.003** (2.016)
AFirm_hq	0.101 (0.458)			-0.101 (-0.440)		

续表

变量名称	基于“本所同事”的压力指标 *APres_AF*			基于“行业同仁”的压力指标 *APres_IN*		
APres × *AFirm_hq*	-0.013*** (-3.468)			-0.011*** (-3.771)		
AFirm_exp		0.031 (0.210)			-0.066 (-0.412)	
APres × *AFirm_exp*		-0.009*** (-2.870)			-0.011*** (-3.422)	
AFirm_qc			0.188** (2.477)			0.288*** (3.522)
APres × *AFirm_qc*			0.006*** (2.674)			0.005** (2.425)
Size	0.072 (1.040)	0.070 (1.006)	0.068 (0.984)	0.071 (1.026)	0.069 (0.995)	0.067 (0.976)
Debt	0.504 (1.549)	0.517 (1.600)	0.508 (1.538)	0.504 (1.546)	0.520 (1.616)	0.509 (1.546)
Cash	-0.207*** (-2.668)	-0.202** (-2.545)	-0.207*** (-2.607)	-0.207*** (-2.665)	-0.202** (-2.541)	-0.207*** (-2.609)
Inv	-0.094 (-1.378)	-0.099 (-1.419)	-0.101 (-1.461)	-0.094 (-1.386)	-0.100 (-1.431)	-0.101 (-1.471)
Roe	-1.169*** (-3.061)	-1.174*** (-3.101)	-1.164*** (-3.007)	-1.165*** (-3.045)	-1.173*** (-3.097)	-1.163*** (-3.000)
Mb	0.013 (0.138)	0.013 (0.143)	0.013 (0.148)	0.013 (0.145)	0.012 (0.131)	0.015 (0.162)
Board	0.153 (0.317)	0.141 (0.294)	0.156 (0.325)	0.151 (0.314)	0.136 (0.285)	0.156 (0.324)
Indp	0.551 (0.670)	0.603 (0.708)	0.565 (0.685)	0.552 (0.669)	0.604 (0.705)	0.563 (0.682)

续表

变量名称	基于“本所同事”的压力指标 *APres_AF*			基于“行业同仁”的压力指标 *APres_IN*		
Loss	0.267 (0.774)	0.245 (0.697)	0.260 (0.743)	0.268 (0.774)	0.240 (0.681)	0.260 (0.743)
Supv	0.104 (0.617)	0.105 (0.624)	0.105 (0.625)	0.105 (0.623)	0.106 (0.629)	0.105 (0.625)
List	0.013 (1.116)	0.013 (1.147)	0.014 (1.192)	0.013 (1.124)	0.013 (1.152)	0.014 (1.188)
Big4	-9.368*** (-7.528)	-9.302*** (-7.536)	-8.419*** (-6.916)	-9.340*** (-7.469)	-9.261*** (-7.506)	-8.410*** (-6.905)
FTen	-0.056*** (-3.702)	-0.058*** (-3.834)	-0.058*** (-3.792)	-0.056*** (-3.698)	-0.058*** (-3.870)	-0.058*** (-3.797)
FNum	0.002 (0.947)	0.002 (0.998)	0.001 (0.701)	0.001 (0.856)	0.002 (0.967)	0.001 (0.630)
FImp	-0.123 (-0.054)	-0.108 (-0.048)	-0.170 (-0.074)	-0.128 (-0.056)	-0.106 (-0.047)	-0.187 (-0.082)
FImn	3.141 (0.475)	3.488 (0.534)	3.349 (0.483)	3.329 (0.498)	3.909 (0.599)	3.683 (0.535)
StfNum	-0.000* (-1.814)	-0.000* (-1.883)	-0.000* (-1.745)	-0.000* (-1.762)	-0.000* (-1.889)	-0.000* (-1.747)
APTen	0.034 (1.125)	0.036 (1.146)	0.037 (1.213)	0.035 (1.133)	0.037 (1.170)	0.037 (1.206)
LagMAO	0.644*** (3.655)	0.646*** (3.735)	0.638*** (3.551)	0.644*** (3.647)	0.650*** (3.763)	0.639*** (3.558)
APAge	0.025*** (2.598)	0.025** (2.525)	0.026*** (2.583)	0.026*** (2.599)	0.025** (2.502)	0.026** (2.571)
Marketlaw	-0.043*** (-3.617)	-0.042*** (-3.554)	-0.042*** (-3.667)	-0.043*** (-3.610)	-0.042*** (-3.510)	-0.042*** (-3.673)

续表

变量名称	基于“本所同事”的压力指标 APres_AF			基于“行业同仁”的压力指标 APres_IN		
截距项	-6.817*** (-4.844)	-6.877*** (-4.948)	-6.794*** (-4.768)	-6.771*** (-4.800)	-6.825*** (-4.903)	-6.774*** (-4.774)
事务所	控制	控制	控制	控制	控制	控制
年度	控制	控制	控制	控制	控制	控制
行业	控制	控制	控制	控制	控制	控制
伪 R^2	0.085	0.085	0.085	0.085	0.086	0.085
样本量	21440	21440	21440	21440	21440	21440

注：***、**和*分别表示在 1%、5%和 10%的水平上显著。

首先，针对假设 6-1，以财务重述（*Res*）作为被解释变量，基于“本所同事”测度工作压力指标，*APres* 回归系数在 5%的水平显著为正；同样，基于“行业同仁”测度工作压力指标时，*APres* 回归系数也在 5%的水平显著为正，其结果与前文一致，因此可以支持本章假设 6-1。

其次，针对事务所组织支持机制的调节效应的分析，基于“本所同事”工作压力指标，交乘项 *APres*×*AFirm_hq*、*APres*×*AFirm_exp* 的回归系数分别都在 1%的水平显著为负，交乘项 *APres*×*AFirm_qc* 的回归系数在 1%显著为正。同样地，基于“行业同仁”的工作压力指标，结论也是类似的，均与前文一致。本章假设 6-2a、假设 6-2b 及假设 6-2c 得到验证。

6.4.2　考虑内生性问题

为了解决样本选择偏差可能导致的内生性问题，本章采用 Heckman 两阶段回归模型进行检验。第一阶段，构建工作压力的 *Probit* 估计方程，估算逆米尔斯比率 *IMR*，方法与前文同理，不予赘述。第二阶段，将逆米尔斯比率 *IMR* 作为控制变量加入原检验模型中重新进行回归。表 6－7 第 2 列至第 3 列显示了 Heckman 第二阶段结果，工作压力 *APres* 回归系数均显著为正，结果与前文一致。

表 6－7　　Heckman 第二阶段结果

Res	基于“本所同事”的压力指标 *APres_AF*	基于“行业同仁”的压力指标 *APres_IN*
IMR	0.466 (0.311)	0.315 (0.211)
APres	0.157 ** (2.161)	0.218 ** (2.251)
Size	0.075 (1.036)	0.073 (1.009)
Debt	0.499 (1.468)	0.506 (1.494)
Cash	−0.200 ** (−2.287)	−0.203 ** (−2.313)
Inv	−0.097 (−1.444)	−0.097 (−1.443)
Roe	−1.209 *** (−3.039)	−1.193 *** (−3.000)
Mb	0.004 (0.043)	0.007 (0.075)
Board	0.166 (0.344)	0.163 (0.337)
Indp	0.481 (0.500)	0.511 (0.535)

续表

Res	基于“本所同事”的压力指标 APres_AF	基于“行业同仁”的压力指标 APres_IN
Loss	0.243 (0.722)	0.251 (0.744)
Supv	0.118 (0.725)	0.113 (0.696)
List	0.009 (0.428)	0.010 (0.517)
Big4	-9.583*** (-6.936)	-9.484*** (-6.794)
FTen	-0.051** (-2.383)	-0.053** (-2.481)
FNum	0.002 (0.744)	0.002 (0.637)
FImp	-0.337 (-0.137)	-0.283 (-0.115)
FImn	1.974 (0.292)	2.506 (0.375)
StfNum	-0.000* (-1.810)	-0.000* (-1.894)
APTen	-0.051** (-2.383)	-0.053** (-2.481)
LagMAO	0.631*** (3.419)	0.633*** (3.422)
APAge	0.027** (2.101)	0.027** (2.057)

续表

Res	基于“本所同事”的压力指标 *APres_AF*	基于“行业同仁”的压力指标 *APres_IN*
Marketlaw	-0.039** (-2.439)	-0.040** (-2.520)
截距项	-7.372*** (-3.699)	-7.245*** (-3.658)
事务所	控制	控制
年度	控制	控制
行业	控制	控制
伪 R^2	0.083	0.083
样本量	21440	21440

注：***、** 和 * 分别表示在 1%、5% 和 10% 的水平上显著。

6.4.3 其他稳健测试

本章还进行了如下稳健测试：第一，考虑审计行业政策变化，根据 2012 年底完成的证券资格会计师事务所的特殊普通合伙制改革、2017 年新版审计报告模式改革分别设置政策改革哑变量，纳入模型进行分析。第二，剔除会计师事务所变更样本。第三，考虑到少数上市公司年报存在三位签字审计师，将这类公司的审计师工作压力采用三人的均值量化。第四，考虑替代性解释，设置审计师工作压力变量的二次项，检验审计师工作压力与盈余质量之间是否存在 U 形关系。经过上述稳健测试，研究结论依然成立，限于篇幅，相关结果未予列示。

6.5 拓展分析

6.5.1 审计师团队异质性对工作压力个体感知及影响的调节效应

本章基于审计团队行业专长的角度，探究审计团队对于工作压力与财务重述之间关系的调节效应。审计团队专长的计算方式与第 4 章同理，不予赘述。表 6－8 报告了回归分析结果，交乘项 *APres* × *Team_exp* 均为负数但未达到 10% 的显著水平，说明审计团队行业专长未对工作压力与财务重述之间的关系产生显著影响。

表 6－8　　审计团队专长的调节效应

变量名称	基于“本所同事”的压力指标 *APres_AF*	基于“行业同仁”的压力指标 *APres_IN*
APres	0.174** (1.961)	0.244* (1.959)
Team_exp	－0.072 (－0.287)	－0.071 (－0.290)
APres × *Team_exp*	－0.086 (－0.474)	－0.120 (－0.515)
Size	0.094 (1.292)	0.095 (1.306)
Debt	0.497 (1.495)	0.500 (1.508)

续表

变量名称	基于“本所同事”的压力指标 *APres_AF*	基于“行业同仁”的压力指标 *APres_IN*
Cash	-0.208*** (-2.688)	-0.208*** (-2.684)
Inv	-0.098 (-1.451)	-0.098 (-1.445)
Roe	-1.176*** (-3.082)	-1.172*** (-3.070)
Mb	0.020 (0.225)	0.020 (0.226)
Board	0.148 (0.307)	0.147 (0.306)
Indp	0.638 (0.762)	0.636 (0.761)
Loss	0.259 (0.752)	0.262 (0.758)
Supv	0.107 (0.631)	0.108 (0.630)
List	0.014 (1.162)	0.014 (1.176)
Big4	-9.487*** (-7.600)	-9.458*** (-7.508)
FTen	-0.057*** (-3.775)	-0.057*** (-3.782)
FNum	0.002 (0.996)	0.001 (0.909)
FImp	0.124 (0.054)	0.080 (0.035)

续表

变量名称	基于“本所同事”的压力指标 APres_AF	基于“行业同仁”的压力指标 APres_IN
FImn	3.322 (0.508)	3.459 (0.527)
StfNum	-0.000* (-1.834)	-0.000* (-1.839)
APTen	0.035 (1.107)	0.034 (1.105)
LagMAO	0.651*** (3.733)	0.652*** (3.734)
APAge	0.026*** (2.607)	0.026*** (2.609)
Marketlaw	-0.043*** (-3.678)	-0.043*** (-3.684)
截距项	-7.447*** (-5.145)	-7.505*** (-5.144)
事务所	控制	控制
年度	控制	控制
行业	控制	控制
伪 R^2	0.084	0.084
样本量	21440	21440

注：***、** 和 * 分别表示在 1%、5% 和 10% 的水平上显著。

6.5.2　审计师个体异质性对工作压力个体感知及影响的调节效应

首先，基于审计师性别的角度，若公司年度签字审计师两位都为女性时，性别（*Gender*）取值为 1，否则为 0。表 6-9 的结果显示，基于“本所同事”和“行业同仁”工作压力指标，交乘项 *APres* × *Gender* 的回归系数均不显著，这表明尽管性别为审计师的一个重要个体特征，但不会显著影响工作压力对财务重述的作用。

其次，基于审计师年龄的角度，设置年龄变量（*Old*），取值为两位签字审计师中年龄较大者，若该数值大于样本年度中值，则 *Old* 取值为 1，否则为 0。表 6－9 结果显示：基于“本所同事”工作压力指标，交乘项 *APres* × *Old* 的系数在 5% 的水平上显著为负；基于“行业同仁”工作压力指标，交乘项 *APres* × *Old* 的系数在 10% 的统计水平显著为负。这说明年龄较大的审计师执业经验往往更丰富，有助于提高审计质量从而减少财务重述的发生；而且年龄较大的审计师通常具有较为丰富的审计工作经验，对工作压力的感知程度较小，从而有助于缓解工作压力与财务重述之间的正相关关系。

表 6－9　　审计师个体异质性的调节效应

变量名称	基于“本所同事”的压力指标 *APres_AF*		基于“行业同仁”的压力指标 *APres_IN*	
APres	0.134* (1.721)	1.245** (2.552)	0.203** (1.965)	1.141** (2.263)
Gender	0.402 (－0.905)		－0.190 (－0.472)	
APres × *Gender*	0.303 (1.215)		0.220 (0.714)	
Old		0.031** (2.159)		0.017 (1.310)
APres × *Old*		－0.024** (－2.180)		－0.020* (－1.814)

续表

变量名称	基于“本所同事”的压力指标 APres_AF		基于“行业同仁”的压力指标 APres_IN	
Size	0.068 (0.967)	0.074 (1.084)	0.068 (0.977)	0.072 (1.054)
Debt	0.517 (1.577)	0.518 (1.586)	0.519 (1.582)	0.518 (1.589)
Cash	−0.208*** (−2.677)	−0.207*** (−2.646)	−0.208*** (−2.664)	−0.207*** (−2.653)
Inv	−0.098 (−1.439)	−0.102 (−1.526)	−0.098 (−1.446)	−0.099 (−1.478)
Roe	−1.170*** (−3.081)	−1.170*** (−3.082)	−1.168*** (−3.071)	−1.166*** (−3.076)
Mb	0.013 (0.140)	0.009 (0.101)	0.013 (0.139)	0.010 (0.112)
Board	0.150 (0.311)	0.169 (0.347)	0.152 (0.315)	0.160 (0.331)
Indp	0.578 (0.697)	0.510 (0.606)	0.577 (0.700)	0.531 (0.635)
Loss	0.259 (0.753)	0.270 (0.786)	0.264 (0.765)	0.269 (0.782)
Supv	0.104 (0.622)	0.106 (0.625)	0.104 (0.620)	0.105 (0.622)
List	0.014 (1.143)	0.0140 (1.141)	0.014 (1.164)	0.0140 (1.157)
Big4	−9.343*** (−7.571)	−9.406*** (−7.530)	−9.321*** (−7.484)	−9.349*** (−7.453)

续表

变量名称	基于“本所同事”的压力指标 APres_AF		基于“行业同仁”的压力指标 APres_IN	
FTen	-0.056*** (-3.862)	-0.057*** (-3.768)	-0.057*** (-3.890)	-0.057*** (-3.773)
FNum	0.002 (1.026)	0.002 (1.001)	0.001 (0.918)	0.001 (0.923)
FImp	-0.179 (-0.079)	-0.057 (-0.025)	-0.176 (-0.078)	-0.088 (-0.038)
FImn	3.621 (0.551)	3.100 (0.465)	3.617 (0.544)	3.237 (0.482)
StfNum	-0.000* (-1.837)	-0.000* (-1.777)	-0.000* (-1.819)	-0.000* (-1.812)
APTen	0.035 (1.128)	0.034 (1.105)	0.035 (1.129)	0.034 (1.109)
LagMAO	0.631*** (3.570)	0.627*** (3.610)	0.635*** (3.602)	0.628*** (3.586)
Marketlaw	-0.044*** (-3.743)	-0.043*** (-3.648)	-0.044*** (-3.726)	-0.044*** (-3.698)
截距项	-6.829*** (-4.741)	-8.598*** (-6.123)	-6.894*** (-4.759)	-7.994*** (-5.661)
事务所	控制	控制	控制	控制
年度	控制	控制	控制	控制
行业	控制	控制	控制	控制
伪 R^2	0.057	0.059	0.057	0.059
样本量	21440	21440	21440	21440

注：***、**和*分别表示在1%、5%和10%的水平上显著。

6.5.3　事务所规模对工作压力个体感知及影响的调节效应

不同规模的事务所在管理模式等方面存在较大差异，审计师对工作压力的感知可能也会有所不同。为了探究事务所规模是否会影响工作压力对财务重述的作用，本章根据事务所是否为国内“十大”或国际“四大”事务所设置变量 *Big*14，若公司聘请的事务所为国内“十大”或国际“四大”，则 *Big*14 取值 1，否则取值 0。

表 6 - 10 列示了实证结果：以财务重述（*Res*）为被解释变量，基于“本所同事”和“行业同仁”的工作压力指标的回归系数都在 1% 的水平显著为正，符合前述关于工作压力对财务重述负向影响的结论；事务所规模（*Big*14）与审计师压力（$APres\_AF$ 和 $APres\_IN$）交乘项 $APres \times Big14$ 系数均为负，其中基于“行业同仁”测度工作压力指标时，交乘项在 10% 的水平上显著。因此，可以说明在规模较小的事务所中审计师对工作压力的感知会加强，工作压力对于财务重述的影响更强。这是由于大规模事务所在管理机制、人力资源配置等方面都更优，能够缓解审计师各方面的压力，从而在一定程度上削弱工作压力对财务重述的负面影响。

表 6 - 10　　　　事务所规模的调节效应

变量名称	基于“本所同事”的压力指标 $APres\_AF$	基于“行业同仁”的压力指标 $APres\_IN$
APres	0.299*** (2.922)	0.462*** (3.277)
*Big*14	0.297 (0.790)	0.375 (1.104)

续表

变量名称	基于“本所同事”的压力指标 APres_AF	基于“行业同仁”的压力指标 APres_IN
APres × Big14	-0.193 (-1.208)	-0.334* (-1.662)
Size	0.066 (0.936)	0.065 (0.930)
Debt	0.523 (1.588)	0.529 (1.616)
Cash	-0.207*** (-2.663)	-0.207*** (-2.646)
Inv	-0.101 (-1.475)	-0.100 (-1.467)
Roe	-1.165*** (-3.085)	-1.160*** (-3.062)
Mb	0.013 (0.144)	0.014 (0.151)
Board	0.161 (0.335)	0.161 (0.335)
Indp	0.592 (0.708)	0.600 (0.723)
Loss	0.256 (0.730)	0.253 (0.719)
Supv	0.108 (0.641)	0.107 (0.636)
List	0.014 (1.181)	0.014 (1.199)
Big4	-9.302*** (-7.218)	-8.221*** (-6.302)

续表

变量名称	基于“本所同事”的压力指标 *APres_AF*	基于“行业同仁”的压力指标 *APres_IN*
FTen	-0.057*** (-3.734)	-0.057*** (-3.741)
FNum	0.002 (0.965)	0.001 (0.890)
FImp	-0.157 (-0.070)	-0.149 (-0.067)
FImn	3.870 (0.588)	4.459 (0.675)
StfNum	-0.000* (-1.860)	-0.000* (-1.886)
APTen	0.035 (1.123)	0.035 (1.120)
LagMAO	0.637*** (3.609)	0.639*** (3.643)
APAge	0.026*** (2.612)	0.026*** (2.601)
Marketlaw	-0.043*** (-3.651)	-0.043*** (-3.669)
截距项	-7.107*** (-5.097)	-7.261*** (-5.160)
事务所	控制	控制
年度	控制	控制
行业	控制	控制
伪 R^2	0.083	0.084
样本量	21440	21440

注：***、**和*分别表示在1%、5%和10%的水平上显著。

6.6 本章小结

基于组织支持的视角，采用我国上市公司数据，考察审计师工作压力对公司财务重述的影响以及事务所组织支持机制对两者关系的调节效应。研究发现：审计师的工作压力越大，客户公司发生财务重述的概率越高；而事务所作为审计师执业行为必须依托的正式组织，事务所的人力资源配置越佳、具备行业专长时，有助于缓解审计师工作压力对财务重述的影响，但是严格的事务所质控机制会强化审计师工作压力感知及其产生的负面影响。进一步分析显示，审计师工作压力对客户公司财务重述的影响作用在规模较小事务所更为显著；另外，审计师年龄越大、工作经验越丰富，能够缓解工作压力感知及其影响作用。综上所述，本章研究从组织支持的视角为审计师工作压力对财务重述的影响作用提供了经验证据，对事务所如何合理安排审计资源并提高审计质量具有启示意义。

第 7 章 研究结论与政策建议

7.1　研究结论与展望

审计质量是关乎注册会计师行业生存与发展的根本，也是证券监管部门及市场投资者关注的重点，自然成为广大学者研究和探讨的热点话题。工作压力会影响工作质量与组织绩效，在“以人为本”特点鲜明的审计行业，审计师面临的工作压力是一种普遍存在的客观现实。然而，在审计研究领域，仍缺乏对审计师工作压力及其影响的足够关注，尽管已有的前瞻性文献成果的研究深度和广度都有待拓展，但也起到了很好的指示与引领作用，为本书研究提供了文献支持和有益参考。本书期望引起学界对审计师工作压力问题的关注与重视，这对我国注册会计师执业行为的规范化监管与会计师事务所质量管理具有一定的实践指导意义。

7.1.1 研究结论

本书立足于审计报告签字注册会计师个体的视角，在回顾相关文献的基础上，理论阐述签字注册会计师工作压力对审计质量产生影响的作用机理，分析这一作用过程的影响因素及约束条件，进而构建签字注册会计师工作压力与审计质量之间关系的理论原型。然后，将这一理论原型嵌入我国特定的审计市场环境及法律制度背景，进而得到基于我国特定经济环境和制度背景的签字注册会计师工作压力与审计质量之间关系的检验模型。最后，根据上述理论原型与检验模型，选取 2009 年至 2018 年我国沪、深 A 股上市公司作为初始研究样本，分别在不同类型的签字注册会计师工作压力角度予以理论演绎和实证检验，最终形成具体的研究结论。整体而言，本书理论分析与实证研究得到的研究结论主要集中在以下三个方面。

（1）关于审计师工作压力与审计质量。本书采用操纵性应计盈余（*DA*）的绝对值作为客户公司盈余质量的衡量指标，签字审计师为客户出具的审计意见类型、审计报告激进度作为衡量审计意见决策的指标，从这两个方面刻画审计质量。然后，采用公司年报签字审计师当年审计且签字的上市公司客户数量及客户资产为基础，构建基于“本所同事”及“行业同仁”的审计师工作压力测度指标。此外，在研究模型中纳入一些其他可能影响审计质量的因素作为控制变量，实证分析审计师工作压力如何影响审计质量。实证结果显示：在公司年报审计“忙季”，签字审计师相比“本所同事”或“行业同仁”负载的“超额”工作量越大，个体感知的工作压力越大并且导致审计师谨慎度越低，表现为更少出具非标意见，审计报告激进度更高，被审计公司盈余质量越低，说明审计师工作压力对审计质量具有负面影响。

（2）关于事务所组织支持机制对审计师工作压力与审计质量之间关系的调节效应。①事务所人力资源配置，主要包含事务所人力资源结构与事务所智力资源结构，采用事务所的注册会计师人数与当年签字审计师人数的比值测度人力资源结构；采用事务所中财务会计专业出身的审计师比例、具有硕士学历的审计师比例、阅历丰富的审计师比例测度智力资源结构。在研究模型中纳入事务所人力资源为调节变量，实证分析事务所人力资源如何调节工作压力与审计质量的关系。实证结果显示：人力、智力资源充沛的会计师事务所，能够发挥人力资源规模效应优势，促进组织支持机制的积极效应发挥，缓解审计师工作压力对审计质量的负面影响，这说明事务所人力资源对于审计师工作压力与审计质量之间的负面影响具有调节效应。②事务所行业专长，分别采用行业市场份额法和行业组合份额法计算事务所的行业专长，在研究模型中纳入事务所行业专长为调节变量，实证分析事务所行业专长如何调节工作压力与审计质量的关系。实证结果显示：具备行业专长的会计师事务所，能够发挥经验专长优势，促进组织支持机制的积极效应生成，缓解审计师工作压力对审计质量的负面影响。③事务所质控机制，主要从两个方面刻画事务所的质量控制机制：事务所出具非标意见概率与事务所业务监督力度，在研究模型中纳入事务所质控机制为调节变量，构建模型，实证分析事务所质控机制如何调节工作压力与审计质量的关系。实证结果显示：会计师事务所的质控机制越严格，越会加重审计师个体工作压力的感知，加剧审计师工作压力对审计质量的负面影响。

（3）进一步考虑审计师团队、审计师个人及客户公司层面的异质性因素对工作压力个体感知及影响的调节效应。①审计师团队异质性，主要是指团队行业专长与权力结构，首先利用行业组合份额法计算审计师团队的行业专长，通过实证分析发现专长型团队具备客户公司所属行业的丰富审计经验与专有知识积累优势，团队成员能够为签字审计师提供更好的智力支持，组织支持机制更佳，从而缓解审计师工作压力感知及其影响。其次，团队权力结构，采用赫芬达尔指数原理计算审计师团队的业务集中度，业务越集中于少数团队成员手中，意味着团队权力集中度越高，团队人力与智力资源分配越不均衡，甚至形成“资源垄断”，这表示团队组织支持机制不佳，不利于缓解团队成员审计师的工作压力及其影响。②考虑审计师个体异质性，研究发现相比项目负责人，项目合伙人的工作压力对审计意见决策的影响更为显著。③考虑客户公司的异质性，研究发现在新客户审计中，客户经验的缺乏加剧了审计师个体工作压力的感知，加剧了审计师工作压力对审计质量的负面影响。另外，在面对高风险客户时，签字审计师需要特别关注的风险点也会更多，签字审计师的压力感知会更加强烈，对审计质量的损害越大。

综上，本书立足于个体感知视角，探讨审计师工作压力与审计质量之间的关系，进一步厘清了审计师工作压力对审计行为决策及审计质量的作用机理，这既弥补了审计工作压力问题方面的实证研究匮乏，也为该领域研究提供了来自中国证券市场的逻辑思路与经验证据。更重要的是，本书对我国注册会计师个体执业行为的规范化监管与会计师事务所质量管理具有一定的实践指导意义，也为未来这方面的深入研究指明了方向。

7.1.2 未来展望

不同于以往关于审计师特征与审计质量之间关系的文献研究，本书首次将研究视角聚焦在审计师工作压力这一现实问题上面，探讨审计师工作压力对审计质量的影响以及事务所人力资源配置、行业专长与质控机制的调节效应，最终得出相应的研究结论。但限于篇幅及个人研究能力，仍存在一些有意义的话题未能在本书中予以悉数探讨，这有待未来深入研究。

一方面，本书针对审计质量的度量方法，只是反映了审计质量的部分方面，未来的研究可以考虑从其他方面测度审计质量，使得该问题研究更加丰富。此外，本书考察了事务所组织支持机制的调节效应，以及审计团队、个人、客户异质性因素的影响，研究发现诸多因素会对工作压力产生影响。但审计师工作压力是如何传导到工作效率上，似乎还不够清晰，这是因为工作压力对人的行为影响是多样的，未来可以考察工作压力的作用过程，即其究竟是如何影响人的情绪，进而影响人的行为，这可以通过调查问卷方式实现，但是对签字审计师进行问卷调查，难度较大，因此这有待未来深入探讨。

另一方面，本书基于“本所同事”及“行业同仁”作为参照对象的工作压力测度指标，考察审计师工作压力对审计质量的影响。然而，审计执业活动是一项非常复杂的脑力兼体力活动，在这一系列的行为活动过程中所表现出来的个体执业特征也是多方面、多层次的，不同个体表现出的审计行为具有显著的差异性。比如，审计师个人是否具有审计大型上市公司乃至跨国公司的业务经验？是否曾有频繁的“跳槽”经历？能否保持应有的职业谨慎性与独立性？在执业过程中是否与客户管理层之间存在或建立了“超工具性”的人际关系？是否存在超时审计等违规行为？由他（她）们审计的客户公司是否发生重大财务重述行为等？囿于篇幅，这些执业特征无法在本书研究中悉数展现出来，但是它们都有可能会对审计师的执业行为造成或多或少的影响，进而影响最终的审计结果呈现及其质量，因此，这些可能是由于个体差异带来的影响而非由工作压力造成。这些重要且现实的问题都有待未来深入研究与解读，这将能够为加强我国注册会计师行业监管、提高审计行业服务水平提供有益参考。

7.2 政策建议

众所周知，注册会计师审计的最终目标是提高被审计单位财务报告信息的可信度并保护广大投资者的合法权益，这一职业功能的发挥依赖于审计工作质量，这一切又与审计实务的直接执行者——签字注册会计师密切相关。根据本书理论分析与实证研究结论，签字注册会计师个体层次的工作压力会对其专业胜任能力及审计独立性产生不同程度的影响，进而影响审计工作质量。鉴于此，本书结合目前我国注册会计师行业发展特点及相关制度背景，主要针对工作压力的解决对策，从审计师个人综合素质提升、执业行为监管以及事务所治理机制三个方面，提出一些政策建议。

7.2.1 加强审计师个人综合素质提升

审计作为“智力密集”型行业，从业人员的综合素质尤为重要。根据本书的理论分析与实证研究结论，良好的教育经历、丰富的执业经验及较高的执业集中度都有助于审计师个人专业能力的培养，从而能够应对工作压力的负面影响。故此，本书建议从以下几个方面提升审计师个人综合素质。

（1）专业教育与职业培训并重。审计师个人专业能力的培养过程大致可分为知识性阶段和程序性阶段。其中，知识性阶段是基础学习阶段，主要是在高等院校的会计、审计等相关课程学习中完成；程序性阶段是技术与技能的提升阶段，主要是在参与具体的项目审计过程中完成。若欲提升审计师个体综合素质，应该从知识性阶段和程序性阶段两个方面做起。首先，针对知识性阶段，建议重视审计师专业教育。本书研究表明签字审计师的学历越高、所学专业与财务越相关，专业胜任能力也就越强，越有助于确保审计工作质量。故此，建议会计师事务所一方面要重视审计师人员的受教育状况，积极引进受过良好专业教育的优秀毕业生；另一方面，会计师事务所应建立合理的激励机制，鼓励注册会计师接受更高层次的专业教育，不断开拓认知视野。

其次，针对程序性阶段，应加强注册会计师职业培训，重视专业人才培养，这不仅包括常规性的职业继续教育培训，更主要的是高层次、高质量的专业人才培养。我国财政部于 2005 年底正式启动的“全国会计领军（后备）人才培养工程”，注册会计师类培养项目是四大项目之一，这为我国注册会计师在职教育培训起到了很好的示范作用与推动作用。若欲打造我国高水平的注册会计师队伍，仅靠我国注册会计师协会领衔的领军人才培养项目是远远不够的，这需要各级注册会计师行业管理部门的响应与配合，从而实现全国范围内的人才培养辐射效应。具体而言，各地方省（或市）注册会计师协会及相关单位应当充分借鉴中注协的领军人才培养模式与经验，结合当地的区域经济发展水平和审计行业实际情况，制定恰当的注册会计师行业人才选拔与培养方案，做到“因地制宜”，实现“因人施教”。同时，各级注册会计师行业管理部门应当充分利用当地的行业人才培训资源，为学员提供专业知识学习、工作经验交流与事务所文化思想碰撞的平台，逐步打造本区域的注册会计师行业人才名片，促进本区域审计行业队伍建设，促进本区域会计师事务所的做大做强。这样一来，我国注册会计师协会与地方省（市）注册会计师协会全面推进注册会计师行业人才的培养，逐渐形成各方面广泛参与、上下贯通的人才队伍建设局面，努力打造具备国际竞争力的中国特色审计行业品牌。此外，各个会计师事务所也应当积极配合注册会计师行业人才培养政策，建立良好的人才培养机制，鼓励本所的优秀注册会计师人员积极参加行业交流与高端培训，不断提高个人综合素质。诚然，若要打造理论功底深厚、专业本领过硬且具备国际综合竞争实力的中国注册会计师专业人才名片，铸造中国特色审计行业品牌，这需要多部门的通力协作、多层次的着力培养、多渠道的正确引导以及多方面的监督管理，这是一项迫在眉睫且意义重大的艰巨任务。

（2）重视审计经验积累，合理培养审计专攻。审计属于智力密集型的服务行业，审计师个人在执业过程中的经验积累是审计专业胜任能力的重要构成部分。本书研究表明，审计师的个体执业经验越丰富，越有助于准确把握并控制被审计单位风险，降低审计失误或审计失败的可能性。故此，建议会计师事务所管理层应重视审计师个人的审计经验积累，一方面，应重视不同类型的审计项目之间、同一类型审计项目的不同规模客户之间的审计经验及知识的分析与汇总；另一方面，应重视同一客户审计业务的前后会计年度的审计经验积累，增强前任与后任签字审计师之间的问题沟通与经验交流。同时，会计师事务所应考虑为执业经验丰富的“审计专家”与执业经验欠缺的“审计新手”之间搭建良好的交流与学习平台，促进“审计专家”的高效审计技术与技能的传播，促进“审计新手”通过间接学习的方式快速成长，逐步形成良好的事务所内部学习与交流氛围，促进会计师事务所的持续健康发展。

其次，鉴于客户知识“学习效应”与“行业专家效应”在缓解工作压力负面反应中的作用，建议会计师事务所加强内部工作经验交流，注重客户知识及其行业信息的持续积累，合理培养审计师人员发展行业审计专长并使其成为“行业专家”；审计师在某一个或几个行业集中执业，有助于其对该行业客户信息的全面了解，加强对该行业客户相关的审计经验的积累，从而确保审计工作质量，本书实证研究支持了这一结论。因此，建议会计师事务所合理培养审计师个人的执业专攻，一方面，应引导审计师个人恰当选择自己专攻的特定行业，加强对该行业客户知识的全面学习，包括该行业企业产品的生产流程与经营特点、行业发展阶段与现状、行业进入壁垒与平均盈利水平等，从而逐渐形成该特定行业的巨大知识集合；另一方面，会计师事务所应避免审计师个人盲目专攻，避免因长时间集中在某行业的固定客户进行审计而丧失其他相关审计知识与技能，避免审计师个人与其集中执业的行业客户建立个人关系，干扰审计独立性。总之，会计师事务所应当在审计质量控制机制范围之内，合理引导审计师培养审计专攻，提高专业胜任能力，提供高质量审计服务。

7.2.2　加强审计师执业行为监管

长期以来，党和国家领导人非常重视审计工作及其行业建设，十分关心基层审计人员的工作环境及状态，并且出台了一系列政策与措施，鼓励并支持审计行业持续“做大做强”。然而，行业“做大做强”的关键动因在于执业“个人”——审计师；也即，抓住“人”的行为，才能抓住问题的关键。所以，会计师事务所作为审计业务承接主体，应当合理配置审计师资源，缓解审计师工作压力；同时，加强所内工作经验交流，注重客户知识及其行业信息的持续积累，合理培养审计人员发展行业审计专长并使其成为“行业专家”人才，提升审计工作效率，保障审计服务质量。总之，审计师工作压力问题的系统研究，有助于审计行业监管部门准确解读审计师执业行为及其结果，制定科学合理的监管政策，保证审计职业服务的高效运行与健康发展，更好地服务于我国经济社会繁荣发展。

（1）完善执业行为监管法规，提高制度执行力度。众所周知，保障审计工作质量的前提条件是审计师执业行为的合法性与合规性。原则上讲，审计师在公司财务报告审计执业活动中必须严格遵守审计准则与职业道德准则的要求与规定，既要保证在形式上独立于被审计单位，更要保证精神上的实质独立性，这是保障审计服务质量的前提。正所谓“有法可依”是个体行为监管的前提，目前我国关于审计师执业行为监管的法规存在一些漏洞或不足之处，比如当签字审计师携其客户从一家会计师事务所跳槽到另一家会计师事务所时，这种“携客户共进退”的行为会形成一种换“所”不换“师”现象，这种特殊形式的变更反映了签字审计师与客户之间的特定人际关系，这种特殊人际关系的存在及延续很可能损害审计独立性，而且签字审计师很可能会出于经济利益绑定或“人情的报之规范”的权衡与考量，给予这些追随其跳槽的“老客户”以审计调整或审计意见等方面的优待，配合客户实施“审计意见购买”行为。又如，建议审计行业监管部门考虑设置审计师个人在年报审计“忙季”的客户数量的合理“上限”，这一“上限”需要综合考虑事务所特征及审计师个人能力等多维因素，这或许能够从根本上解决因客户数量过多导致“分身乏术”而产生高负荷工作压力及其对审计质量的可能损害。其次，“有法必依”是个体行为监管的关键，再完美的政策法规若未得到充分地贯彻执行，也只能是“纸上谈兵”。比如，关于签字审计师的五年定期轮换规定实施至今已有十年有余，但仍有一小部分审计师未能遵照这一规定，出现“到期不轮换”“冷却时间不满两年”等行为。就此而言，监管部门必须加强审计师执业行为相关的法规文件的执行力度。

（2）完善违规行为惩戒机制，增强监管震慑作用。被审计单位作为审计师“衣食父母”的客观事实，使得他们无法摆脱对重要客户的自然“经济依赖”，这是审计师机会主义行为产生的根本动因所在。此外，被审计客户管理人员不合理干预以及审计市场激烈竞争等因素，也会诱致或迫使审计师降低甚至丧失独立性。也即，这些内、外部复杂因素的交互融合，无疑会导致审计师执业行为出现违规、合谋或舞弊等现象，进而引致一系列关乎审计服务质量与成效的重要问题。近些年来我国证监会、中注协等行业监管部门针对审计师审计职业问题出台了一系列的行为规范与准则，比如《中国注册会计师职业道德守则》《关于证券期货审计业务签字注册会计师定期轮换的规定》及《会计师事务所执业质量检查工作廉政规定》等。我们不否认，这些文件或规定的颁布与实施在规范审计师执业行为和完善我国审计市场秩序方面发挥了重要的积极作用，但这相对于复杂的审计执业工作而言仍然是不足的，在诸多方面需要进一步补充与完善。正所谓“执法必严，违法必究”，这是保证政策法规实施效果的重点。在我国现有法制体系下，《公司法》《证券法》及《注册会计师法》都对审计师的虚假陈述行为的民事责任进行了相关规定，而且在 2007 年出台的《关于审理涉及会计师事务所审计业务活动中民事侵权赔偿案件的若干规定》中，进一步具体明确了审计师虚假陈述行为的民事责任。尤其是对审计师在执业过程中出现与被审计单位进行“串通舞弊”“审计合谋”等情节较为严重的违规行为，一旦被监管部门发现，轻则被处以警告、罚款，重则被处以吊销执照、终身禁入等。可见，我国注册会计师审计职业所面临的法律环境日趋严格，但违规行为惩戒机制有待进一步细化与完善，明确不同性质、不同严重程度的个体执业违规行为的惩罚措施与责任追究机制。当然，归根结底，监管部门对审计师个体执业违规行为的惩戒，其最终目的无非是期望通过不同程度的处罚对审计师的执业行为起到一定的事前震慑作用，使其自觉地遵守职业行为准则及规范，确保审计服务的质量。

7.2.3 完善会计师事务所治理机制

会计师事务所是审计师开展审计工作的基本依托，完善事务所治理机制是保障审计师执业质量的基础。

首先，独立审计是证券市场的一项重要制度安排，在提高会计信息质量、维护正常的资本市场秩序等方面发挥着重要作用。然而，独立审计职能的发挥取决于审计业务质量，而“质量”与“数量”密不可分，“数量”的变化会引起“质量”的变化。审计业务“数量”过多会导致审计师工作压力过大甚至次生“职业倦怠感”，进而影响审计业务“质量”。无论是大型事务所，还是中小型事务所，都必须积极贯彻落实《会计师事务所内部治理指南》，构建客户审计风险控制机制，建立合理的员工绩效考核机制，建立公平的晋升机制，保护广大员工的合法权益，增强员工的组织支持感，提升工作满意度，逐步构建诚信、融合、友好的事务所内部文化氛围，实现真正意义上的“人合”，从而减少由于工作压力导致的审计失误。

其次，会计师事务所应当建立健全内部人才档案，充分考虑各个审计师的个体特征，尤其是审计师个人的教育经历、执业经验、行业专攻及客户经济依赖程度等特征，这些特征都直接或间接影响审计师个体执业能力及审计独立性。然后，根据不同行业、不同规模客户的不同特征，合理配置审计师资源，尤其是要为“新客户”或重要性水平较高的“大客户”分配恰当的审计师及团队，既要确保审计工作质量，也要避免审计资源浪费，进而提高会计师事务所综合绩效。

最后，本土会计师事务所在积极响应国家会计专业人才培养工程等政策的同时，应积极探索国际化发展的途径与模式，加强其与国际大型事务所的交流与合作，为本所的优秀审计师人员提供国外学习与交流的机会，这有助于审计师人员开拓个人视野，提高个人知识层次，丰富个人执业经验。此外，本土会计师事务所可以考虑通过加入国际行业组织、开展境外审计项目合作、与国际事务所建立合作关系等方式，逐步打通本土事务所走出国门、迈向世界的多元化通道。同时，以中国注册会计师协会为代表的行业管理部门，应当鼓励有条件的会计师事务所建立境外分支机构，以我国境外上市公司或国内集团公司的境外分公司为依托，逐步开拓国际市场，实现我国本土会计师事务所的国际化发展。

参考文献 References

[1] 蔡春，鲜文铎．会计师事务所行业专长与审计质量相关性的检验——来自中国上市公司审计市场的经营证据［J］．会计研究，2007（6）：41－47.

[2] 陈冬华，胡晓莉，梁上坤，新夫．宗教传统与公司治理［J］．经济研究，2013（9）：71－84.

[3] 陈宋生，曹圆圆．股权激励下的审计意见购买［J］．审计研究，2018（1）：59－67.

[4] 陈信元，夏立军．审计任期与审计质量：来自中国证券市场的经验证据［J］．会计研究，2006（1）：44－53.

[5] 崔宏．工作压力、学习负担对注册会计师职业倦怠影响的实证研究［J］．审计与经济研究，2010（7）：37－43.

[6] 方春阳．工作压力和社会支持对高校教师绩效的影响［J］．科研管理，2013（5）：136－147.

[7] 方军雄．转型经济中声誉机制有效性研究——来自中

国审计市场的证据［J］. 财经研究，2009（12）：16－38.

［8］方阳春. 工作压力和社会支持对高校教师绩效的影响［J］. 科研管理，2013，34（5）：30－32.

［9］葛青华，林盛. 企业员工工作压力感知及缓解策略研究［J］. 山东社会科学，2011（12）：125－127.

［10］韩维芳. 审计风险、审计师个人的经验与审计质量［J］. 审计与经济研究，2017，32（3）：35－45.

［11］胡南薇，陈汉文. 客户重要性、审计风险与审计报告决策［J］. 中央财经大学学报，2014（6）：52－59.

［12］黄海艳，柏培文. 注册会计师的工作压力、组织支持感与工作绩效研究［J］. 审计研究，2014（2）：89－94.

［13］李伟. 不确定性环境下会计稳健性对审计收费、审计意见的影响［J］. 审计研究，2015（1）：91－98.

［14］廖义刚，黄伟晨. 非正式审计团队与审计质量——基于团队与社会网络关系视角的理论分析与经验证据［J］. 审计研究，2019（4）：66－74.

［15］林忠，孟德芳，鞠蕾. WFEJDC：工作压力模型研究——基于 FE 模型与 JDC 模型的融合［J］. 中国工业经济，2014（3）：80－92.

［16］林钟高，郑军，彭琳，徐德信. 关系型交易、事务所选聘与审计契约稳定性——基于主要供应商/客户视角的经验证据［J］. 中国会计评论，2014（3）：419－452.

［17］刘成立，张继勋. 时间压力、责任与审计判断绩效：一项实验研究［J］. 中国会计评论，2008（4）：405－424.

［18］刘成立. 时间压力下的注册会计师行为——来自一个全国性事务所的调查证据［J］. 审计研究，2008（2）：79－85.

［19］刘峰，周福源. 国际四大意味着高质量审计吗？——基

于会计稳健性角度的检验［J］. 会计研究，2007（3）：70－86.

［20］刘启亮，郭俊秀，汤雨颜. 会计事务所组织形式、法律责任与审计质量——基于签字审计师个体层面的研究［J］. 会计研究，2015（4）：86－94.

［21］刘启亮，余宇莹，陈汉文. 签字会计师任期与审计质量：来自中国大陆证券市场的经验证据［J］. 中国会计与财务研究，2008（2）：1－61.

［22］刘笑霞，李明辉. 会计师事务所人力资本特征与审计质量——来自中国资本市场的经验证据［J］. 审计研究，2012（2）：82－89.

［23］刘玉新，张建卫. 高层管理者的工作压力、社会支持及二者关系研究［J］. 南开管理评论，2005（6）：9－16.

［24］陆昌勤. "21 世纪的流感"：幸福的杀手［J］. 人民论坛，2006（6）：16－18.

［25］陆正飞，王春飞，伍利娜. 制度变迁、集团客户重要性与非标准审计意见［J］. 会计研究，2012（10）：71－78.

［26］罗春华，唐建新，王宇生. 注册会计师个人特征与会计信息稳健性研究［J］. 审计研究，2014（1）：72－78.

［27］罗宏，贾秀彦，陈小运. 审计师对短贷长投的信息识别——基于审计意见的证据［J］. 审计研究，2018（6）：65－72.

［28］潘越，吴超鹏，史晓康. 社会资本、法律保护与 IPO 盈余管理［J］. 会计研究，2010（5）：62－67.

［29］申慧慧，吴联生，肖泽忠. 环境不确定性与审计意见：基于股权结构的考察［J］. 会计研究，2010（12）：57－64.

［30］施先旺，刘拯，朱敏. 注册会计师忙碌会影响审计意见吗？——来自 A 股上市公司签字注册会计师有限注意力的证据［J］. 审计与经济研究，2018（1）：34－43.

［31］舒晓兵．管理人员工作压力源及其影响——国有企业与私营企业的比较［J］．管理世界，2005（8）：105－113.

［32］王兵，辛清泉．分所审计是否影响审计质量和审计收费？［J］．审计研究，2010（2）：70－76.

［33］王裕，任杰．独立董事的海外背景、审计师选择与审计意见［J］．审计与经济研究，2016，31（4）：40－49.

［34］王跃堂，涂建明．上市公司审计委员会治理有效性的实证研究——来自沪深两市的经验证据［J］．管理世界，2006（11）：135－143.

［35］王直群．注册会计师压力分析及应对［J］．财会通讯，2013（6）：119－210.

［36］吴伟荣，刘亚伟．公共压力与审计质量——基于会计师事务所规模视角的研究［J］．审计研究，2015（3）：82－90.

［37］吴溪．监管处罚中的“重师轻所”及其后果：经验证据［J］．会计研究，2008（8）：23－31.

［38］夏立军．审计师行业专长与审计市场研究综述及启示［J］．外国经济与管理，2004（7）：39－44.

［39］谢盛纹，李远艳．公司高管与签字注册会计师的校友关系对审计意见的影响——来自中国证券市场的经验证据［J］．当代财经，2017（6）：111－121.

［40］徐长江．工作压力系统研究：机制、应付与管理［J］．浙江师大学报（社会科学版），1999（5）：69－73.

［41］薛爽，叶飞腾，付迟．行业专长、审计任期和审计质量——基于签字会计师水平的分析［J］．中国会计与财务研究，2012（3）：109－133.

［42］闫焕民，严泽浩，刘宁．审计师搭档稳定性与审计质量——基于团队视角的研究［J］．审计研究，2017（6）：76－83.

[43] 杨德明，胡婷．内部控制、盈余管理与审计意见 [J]．审计研究，2010 (5)：90－97.

[44] 杨孟环．上市公司股权结构对审计意见的影响 [J]．山西财经大学学报，2006 (1)：92＋151.

[45] 叶康涛，刘行．税收征管、所得税成本与盈余管理 [J]．管理世界，2011 (5)：140－148.

[46] 余玉苗，张建平，梁红玉．媒体监督影响审计师的审计意见决策吗？——来自中国证券市场的实证证据 [J]．审计与经济研究，2013 (1)：26－36.

[47] 原红旗，韩维芳．签字会计师的执业特征与审计质量 [J]．中国会计评论，2012 (3)：275－302.

[48] 翟胜宝，许浩然，刘耀淞，唐玮．控股股东股权质押与审计师风险应对 [J]．管理世界，2017 (10)：51－65.

[49] 张继勋，付宏琳．经验、任务性质与审计判断质量 [J]．审计研究，2008 (3)：70－75.

[50] 张俊瑞，刘彬，程子健，等．上市公司对外担保与持续经营不确定性审计意见关系研究——来自沪深主板市场 A 股的经验证据 [J]．审计研究，2014 (1)：62－70.

[51] 张俊瑞，刘慧，杨蓓．未决诉讼对审计收费和审计意见类型的影响研究 [J]．审计研究，2015 (1)：67－74.

[52] 张立民，彭雯，钟凯．“沪港通”开通提升了审计独立性吗？——基于持续经营审计意见的分析 [J]．审计与经济研究，2018 (5)：35－45.

[53] 张龙平，潘临．签字会计师繁忙度与审计质量——来自中国上市公司的经验证据 [J]．财经论丛，2018，231 (3)：58－67.

[54] 张敏，冯虹茜，张雯．机构持股、审计师选择与审计

意见 [J]. 审计研究, 2011 (6): 82 - 88.

[55] AGOGLIA C P, BRAZEL J F, HATFIELD R C, et al. How do audit workpaper reviewers cope with the conflicting pressures of detecting misstatements and balancing client workloads? [J]. Auditing: A Journal of Practice & Theory, 2010, 29 (2): 27 - 43.

[56] ALISSA, A, CAPKUN V, JEANJEAN T, SUCA N. An empirical investigation of the impact of audit and auditor characteristics on auditor performance [J]. Accounting Organizations and Society, 2014, 39 (1): 495 - 510.

[57] BALSAM S J, KRISHNAN J, YANG J S. Auditor industry specialization and earnings quality [J]. Auditing: A Journal of Practice and Theory, 2003, 12 (2): 71 - 97.

[58] CAREY P, SIMNETT R. Audit partner tenure and audit quality [J]. The Accounting Review, 2006, 81 (3): 653 - 676.

[59] CHEN C J P, CHEN S, SU X. Profitability regulation, earnings management, and modified audit opinions: evidence from china [J]. Auditing: A Journal of Practice & Theory, 2001, 20 (2): 9 - 30.

[60] CHEN S, SUN S Y J, WU D. Client importance, institutional improvements, and audit quality in China: an office and individual auditor level analysis [J]. The Accounting Review, 2010, 85 (1): 127 - 158.

[61] CHEN C J P, SU X, WU X. Auditor changes following a big 4 merger with a local chinese firm: a case study [J]. Auditing: A Journal of Practice and Theory, 2010, 29 (1): 41 - 72.

[62] CHEN F, PENG S, XUE S, YANG Z, YE F. Do audit clients successfully engage in opinion shopping? partner-level evi-

dence [J]. Journal of Accounting Research, 2016, 54 (1): 79-112.

[63] CHEN H, CHEN J Z, LOBO G J, WANG Y. Effects of audit quality on earnings management and cost of equity capital: evidence from China [J]. Contemporary Accounting Research, 2011, 28 (3): 892-925.

[64] CHI W, DOUTHETT E B, LISIC L L. Client importance and audit partner independence [J]. Journal of Accounting and Public Policy, 2012, 31 (3): 320-336.

[65] CHIN C, H CHI. Reducing restatements with increased industry expertise [J]. Contemporary Accounting Research, 2009, 26 (3): 729-765.

[66] Choo F. Auditors' judgment performance under stress: a test of the predicted relationship by three theoretical models [J]. Journal of Accounting, Auditing and Finance, 1995, 10 (3): 611-641.

[67] CORAM P, NG J, WOODLIFF D R. The effect of risk of misstatement on the propensity to commit reduced audit quality acts under time budget pressure [J]. Auditing: A Journal of Practice & Theory, 2004, 23 (2): 159-167.

[68] ELIT L, TRIM K, MAND-BAINS I H, SUSSMAN J, AND GRUNFELD E. Job satisfaction stress and burnout among canadian [J]. Gynecologic Oncology, 2004, 94 (1): 134-139.

[69] FOGERTY T J, SING J, RHOADES G K, MOORE R K. Antecedents and consequences of burnout in accounting: beyond the role stress model [J]. Behavioral Research in Accounting, 2000, 12 (4): 31-67.

[70] FRENCH J R P, CAPLAN R D, VAN HARRISON R. The mechanisms of job stress and strain [M]. New York: Wiley, 1982.

[71] GOODWIN J, WU D. What is the relationship between audit partner busyness and audit quality? [J]. Contemporary Accounting Research, 2015, 33 (1), 341 - 377.

[72] GUL F A, WU D, YANG Z. Do individual auditors affect audit quality? Evidence from archival data [J]. The Accounting Review, 2013, 88 (6): 1993 - 2023.

[73] GUL F, MA M, LAI K. Auditing multiple public clients, partner-client tenure and audit quality. Working paper, 2014. Available at: http: //dx. doi. org/10. 2139/ssrn. 2156399.

[74] HÄUSSER J A, MOJZISCH A, NIESEL M, SCHULZ-HARDT S. Ten years on: a review of recent research on the job demand-control (-support) model and psychological well-being [J]. Work & Stress, 2010, 24 (1): 1 - 35.

[75] JANSSEN O. Fairness Perceptions as a moderator in the curvilinear relationships between job demands, and job performance and job satisfaction [J]. Academy of Management Journal, 2001, 44 (5): 1039 - 1050.

[76] JOE J R, LOUIS H, ROBINSON D. Managers' and investors' responses to media exposure of board ineffectiveness [J]. Journal of Financial and Quantitative Analysis, 2009, 44 (3): 579 - 605.

[77] JONES Ⅲ A, NORMAN C S, WIER B. Healthy lifestyle as a coping mechanism for role stress in public accounting [J]. Behavioral Research in Accounting, 2010, 22 (1): 21 - 41.

[78] KARASEK R A. Job demands, job decision latitude,

and mental strain: implications for job redesign [J]. Administrative Science Quarterly, 1979, 24 (2): 285 - 307.

[79] KE B, LENNOX C S, XIN Q. The effect of China's weak institutional environment on the quality of big four audits [J]. The Accounting Review, 2015, 90 (4): 1591 - 1619.

[80] KOTHARI S P, LEONE A J, AND WASLEY C E. Performance matched discretionary accruals [J]. Journal of Accounting and Economics, 2005, 39 (1): 163 - 197.

[81] LAI K M Y, SASMITA A, GUL F A, et al. Busy auditors, ethical behavior, and discretionary accruals quality in malaysia [J]. Journal of Business Ethics, 2018, 150 (4): 1187 - 1198.

[82] LASCHINGER H K S, LEITER M P. The impact of nursing work environments on patient safety outcomes: the mediating role of burnout engagement [J]. Journal of Nursing Administration, 2006, 36 (5): 259 - 267.

[83] LENNOX C. Do companies successfully engage in opinion-shopping? Evidence from the UK [J]. Journal of Accounting and Economics, 2000, 29 (3): 321 - 337.

[84] LENNOX C, WU X, ZHANG T. The effect of audit adjustments on earnings quality: evidence from China [J]. Journal of Accounting and Economics, 2016, 61 (2 - 3): 545 - 562.

[85] LI L, QI B, TIAN G, ZHANG G. The contagion effect of low-quality audits at the level of individual auditors [J]. The Accounting Review. 2016.

[86] LÓPEZ D M, PETERS G F. The effect of workload compression on audit quality [J]. Auditing: A Journal of Practice & Theory, 2012, 31 (4): 139 - 165.

[87] LÓPEZ D M, PETERS G F. Auditor workload compression and busy season auditor switching [J]. Accounting Horizons, 2011, 25 (2): 357 -380.

[88] LU L, KAO S, SIU O, LU C. Work stressors, chinese coping strategies, and job performance in greater China [J]. International Journal of Psychology, 2010, 45 (4): 294 -302.

[89] MÆSTAD O, TORSVIK G, AAKVIK A. Overworked? On the relationship between workload and health worker performance [J]. Journal of Health Economics, 2010, 29 (5): 686 -698.

[90] MARGHEIM L, KELLEY T, PATTISON D. An empirical analysis of the effects of auditor time budget pressure and time deadline pressure [J]. Journal of Applied Business Research, 2011, 21 (1): 23 -27.

[91] MCCLENAHAN C A, GILES M L, MALLETT J. The importance of context specificity in work stress research: a test of the demand-control-support model in academics. Work and Stress, 2007, 21 (1): 85 -95.

[92] MO P L L, RUI O M, WU X. Auditors' going concern reporting in the pre-and post-bankruptcy law eras: chinese affiliates of big 4 versus local auditors [J]. The International Journal of Accounting, 2015, 50 (1): 1 -30.

[93] PALMROSE Z. An analysis of auditor litigation and audit service quality [J]. The Accounting Review, 1988, 63 (1): 55 - 73.

[94] PARK J. Work stress and job performance. Statistics Canada, 2007, 75 (1): 5 -17.

[95] PIERCE B, SWEENEY B. Cost-quality conflict in audit

firms: an empirical investigation [J]. European Accounting Review, 2004, 13 (3): 412-441.

[96] REICHELT K J, WANG D. National and office-specific measures of auditor industry expertise and effects on audit quality [J]. Journal of Accounting Research, 2010, 48 (3): 647-686.

[97] RHODE J G. Survey on the influence of selected aspects of the auditor's work environment on professional performance of certified public accountants. A study and report for the commission on auditor's responsibilities [R]. New York: AICPA, 1977.

[98] SELYE H. The stress of life [M]. New York: McGraw-Hill Book Company, 1956.

[99] SIMMONS B L, NELSON D L. Eustress at work: the relationship between hope and health in hospital nurses [J]. Health Care Management Review, 2001, 26 (4): 7-18.

[100] SOOBAROYEN T, CHENGABROYAN C. Auditors' perceptions of time budget pressure, premature sign offs and under-reporting of chargeable time: evidence from a developing country [J]. International Journal of Auditing, 2006, 10 (3): 201-218.

[101] SUN Y, TAN H, ZHANG J. Effect of concession-timing strategies in auditor-client negotiations: it matters who is using them [J]. Contemporary Accounting Research, 2015, 32 (4): 1489-1506.

[102] SUNDGREN S, SVANSTRÖM T. Auditor-in-charge characteristics and going-concern reporting [J]. Contemporary Accounting Research, 2014, 31 (2): 531-550.

[103] SWEENEY J T, SUMMERS S L. The effect of the busy season workload on public accountants' job burnout [J]. Behavioral

Research in Accounting, 2002, 14 (1): 223 -245.

[104] TAYLOR M H. The effects of industry specialization on auditors' inherent risk assessments and confidence judgments [J]. Contemporary Accounting Research, 2000, 17 (4): 693 -712.

[105] WANG Y, YU L, ZHAO Y. The association between audit-partner quality and engagement quality: evidence from financial report misstatements [J]. Auditing: A Journal of Practice and Theory, 2015, 34 (3): 81 -111.

[106] YAN H, XIE S. How does auditors' work stress affect audit quality? Empirical evidence from the chinese stock market [J]. China Journal of Accounting Research, 2016, 9 (4): 305 -319.

致谢

值此书稿出版之际，特别感谢参与本书创作的老师及同学，她们分别是邱妍、张效烨、熊洪莉、朱紫玲及王子佳，感谢她们的积极参与和团队协作，保障书稿撰写工作圆满完成。

作者

2020 年 6 月